DIANA

Das Buch

In diesem Buch sind eine ganze Reihe von Texten versammelt, die der Autor sich im Laufe der Zeit ausgedacht hat. Wer ist dieser Autor? Was sind das für Texte? Es sind Texte von guter Qualität. Mehr kann man leider nicht sicher sagen. Der Autor läßt sich am besten als Sittenpfleger und Betreuer von Vernachlässigtem definieren. Er schreibt oft mit Humor und, Gott sei Dank, immer mit erhobenem Zeigefinger. Er hat eine gut groovende Schreibe, könnte man sagen, obgleich Klappentexter nicht dafür bezahlt werden, die Dinge beim Namen zu nennen. Er hat ziemlich gute Ideen, welche er in fieberfeuchten Nächten des Gestaltens aus seinem Leben herauswringt. Die Texte sind entweder »nur so« geschrieben worden oder für gewisse Zwecke, z. B. um bei Spoken Word Performances zum Vortrag zu kommen.

Der Autor

Max Goldt, 1958 geboren, lebt in Berlin, Autor teils humoristischer Prosadichtungen und Dialogskizzen, Rezitator eigener Texte, bildete früher mit Gerd Pasemann das Musikduo »Foyer des Arts«, macht heute zusammen mit Stephan Winkler Musik und bildet zusammen mit Stephan Katz das Comic-Duo KATZ + GOLDT. Zahlreiche Schallplattenveröffentlichungen (zuletzt die Doppel-CD mit besten »Kolumnen« *Okay Mutter, ich nehme die Mittagsmaschine*).
Im Wilhelm Heyne Verlag liegen außerdem vor: *Die Kugeln in unseren Köpfen* (62/185), *Ä* (01/10642), *Quitten für die Menschen zwischen Emden und Zittau* (62/64), *Die Radiotrinkerin* (62/103), *›Mind-boggling‹ – Evening Post* (62/145).

Max Goldt

Schließ einfach die Augen und stell dir vor, ich wäre Heinz Kluncker

Ausgesuchte Texte 1991–1994

DIANA VERLAG
München Zürich

Diana Taschenbuch Nr. 62/0236

Taschenbuchausgabe 01/2002

Der Diana Verlag ist ein Unternehmen der
Heyne Verlagsgruppe München
Printed in Germany 2002

Umschlagillustration: Michael Sowa
Umschlaggestaltung: Hauptmann und Kampa
Werbeagentur, CH-Zug
Satz: Schaber Satz- und Datentechnik, Wels
Druck und Bindung: Elsnerdruck, Berlin
Gedruckt auf chlor- und säurefreiem Papier

ISBN: 3-453-19818-2
http://www.heyne.de

Inhalt

Die Schwangeren im Beratungsgebirge 7

FinnCrisp und Holstener Liesel 15

Wie man zu siebt eine Straße bergauf geht 19

Krieg der Mädchenschweigekreise 24

Schweres tragend 36

Oma Lüneburg trinkt keinen Sprudel 38

Weißt du noch? 46

Immerhin: Ihr tut's nicht weh
(und ihm ja sowieso nicht) 48

Die rot-blaue Luftmatratze 52

Österreich und die Schweiz 64

Im Schwarzwald werden die Kerzen
von Metallfedern nach oben gedrückt 69

Renates Mann übt eine Rede 73

Drei Knusperdosen, drei Schicksale 77

Das innere Singen des Dampfes 81

Mini-Talk am Nachmittag 91

Die Gräfin mit der negativen Bilanz 99

Ein Leben auf der Flucht vor der ›Koralle‹ 102

Drei bettlägerige ukrainische
Tingeltangeltänzerinnen 122

Die Schwangeren im Beratungsgebirge

Künstlern könnte ich manches empfehlen, wenn sie das wollten. Einem Komponisten würde ich raten, sich mit einem Chorwerk zu befassen. Wie heißt noch die eine Arie, wo die Sängerin den Mund so lange auf hat? So etwas müßte unbedingt vorkommen, damit man ein Erlebnis Judy Garlands mitverarbeiten kann, der bei einem öffentlichen Vortrag von *Somewhere over the rainbow* eine Motte in den Mund geflogen kam. Ein Flötist muß auch mitmachen, aber nicht flötenderweise, sondern in der Ecke sitzen soll er, Schild um den Hals: »Ich darf hier Gott sei Dank nicht herumpiepen.« Teil der mir vorschwebenden Komposition ist auch, daß ihr Erzeuger oder eine vollbusige Person seines Vertrauens während des ersten Satzes durch die Reihen geht und Zigarettenschachteln verteilt, deren Inhalt das Publikum noch während der Aufführung wegzurauchen angewiesen wird. In sämtlichen Zigaretten sind Zündblättchen, nur in einer nicht. Der Zuhörer, der die nicht geknallt habende Zigarette vorweist, gewinnt ein Wochenende in Berlin mit einem Ensemblemitglied seiner Wahl. Während nun alles hübsch singt bzw. raucht, erhebt sich ein Chormitglied, welches als Agent provocateur im Publikum sitzt, und kreischt: »Würde es euch vielleicht etwas ausmachen, das Rauchen ein bißchen einzuschränken? Die Luft ist schon schlecht genug hier drin.« Der restliche Chor singt daraufhin in den schönsten Bergterzen: »Wir sind auch dafür, daß hier nicht mehr geraucht wird, damit das blöde Gekeife der Nichtraucher aufhört.« Was der Chor sonst noch so singt, überlasse ich demjenigen Tonschöpfer, der die künstlerische Reife besitzt, meine kleine Anregung, die den Zweck hat, einer Geschichte, in der schwangere Frauen in einem Gebirge herumklettern, zu einem abgefederten, nicht gar so abrupten Beginn zu verhelfen, in die Tat umzusetzen.

Einen jungen Romanschriftsteller nähme ich an die Hand und zöge ihn in eine große Buchhandlung. Dort deute ich auf sich biegende Regale und sage: Regale, Regale, Romane, Romane. Man sollte denken, es reicht langsam. Aber nein, sieh her, schon wieder kommt ein Gabelstapler. Die Buchhändlerin hat Ringe unter den Augen – Ringe der Angst! Du wirst es mir vielleicht nicht glauben, aber Jahr für Jahr werden hundert Quadratkilometer Buchhändler und Bibliothekarinnen mit Romanen junger Autoren zuasphaltiert. Viele haben Frühgeburten oder mißratene Bälger, weil sie während der Schwangerschaft in der drangvollen Enge mit dem Bauch immer gegen sensible Großstadtbeobachtungen stoßen. Schreib du daher nicht auch noch so was. Bewirb dich lieber bei der Polizei. Nichts ist sinnvoller, als Verbrechen zu bekämpfen. Denk nicht, daß mich die Ironie am Wickel habe. Mag sein, daß ich den Eindruck mache, meine Mutter sei gegen eine Kommode gelaufen, als sie mich unter dem Herzen trug. Das täuscht – ich bin gesund genug, ein ernstes Wörtchen zu reden: Unholde und Finsterlinge gehören in den Steinbruch und nicht in die U-Bahn. Ein schnuckeliges Gespräch über gesellschaftliche Ursachen von Kriminalität können wir gerne mal führen, aber ich bezweifle, daß wir jemanden finden, der uns die schlabberigen Pullover strickt, die man bei solchen Gesprächen zu tragen pflegt.

Komponist und Schriftsteller sind nun abgefertigt. Jetzt ist ein Zeichner an der Reihe. Hallo Zeichner, altes Haus! Ich habe eine hervorragende Idee für einen Comic, aber keinerlei Gewalt über den Zeichenstift. Daher ersuche ich dich, mir den Comic »Die Schwangeren im Beratungsgebirge« zu zeichnen. Zuerst wollte ich nur Frauen darin vorkommen lassen, aber als ich den Film »Die Frauen« von George Cukor sah, in dem auch nur Frauen mitspielen, merkte ich, daß dieser Einfall nicht trägt. Ich habe daher noch einen jungen Mann im Stimmbruch eingebaut. Wie du das Phänomen Stimmbruch zeichnerisch umsetzt, ist deine Sache. Aber hübsch von vorn: Zwei hochschwangere Frauen gehen durch eine sehr gebirgige Wüste. Beide tragen äußerst hochhackige Schuhe, bewegen sich aber sehr flott. Die eine zieht einen Bollerwagen mit Flaschen hinter sich her. Auf den Etiketten muß deutlich *Racke Rauchzart* und *Mariacron* zu lesen sein. Der Bollerwagen muß natürlich die Inschrift »Getränke-Hoffmann« tragen, obwohl die überhaupt keinen Racke Rauchzart im Sortiment haben, aber das merkt ja eh keiner. Außerdem müssen die Frauen ununterbrochen rauchen. Hinter den beiden trabt in einiger Entfernung der junge Mann im Stimmbruch. Durchaus sollte er ein modernes Oversized-Gewand tragen, aber bitte sei nicht allzu ausstatterisch mit ihm. Um Himmels willen darf er keinen Walkman mithaben, keine Baseballkappe auf, und Finger schnipsen soll er auch nicht. Ich will einen normalen, schüchternen Jungjugendlichen und keinen Tannenbaum verdichteter Detailbeobachtungen. Ab und zu könnte er etwas sagen, aber auf keinen Fall *boa ey* und Ähnliches, sondern liebe Sätze wie »Birgit meint, ich bin zu alt für Hamster« oder »99% aller Jacken find ich Scheiße«. Daß er im Stimmbruch ist, könnte man so illustrieren, daß man zwischen die Worte, die er spricht, Noten zeichnet, die große Oktavsprünge darstellen. Die Notenköpfe könnten sich vielleicht auch noch die Ohren zuhalten. Auf jeden Fall sind die Schwangeren äußerst fröhlich und bestens zu Fuß. Häufig begegnen sie Hinweisschildern, auf denen steht »Beratung 7 km«. Manchmal auch zweien, einem, das z. B. sagt »Beratung 7 km« und einem andern mit »Beratung 79 km«. Die Schwangeren sind aber gewitzt und folgen immer dem 7-km-Schild. Nur einmal nicht, als sie einer einsamen Mahnerin begegnen, einer vermummten Gestalt, die ein Schild hochhält, auf dem steht: »Frau, die sich beraten läßt, muß sehen, wo sie den Braten läßt!« Da mußt du Ausrufungszeichen um die Köpfe der Schwangeren zeichnen und sie dann in Richtung 79 km eilen lassen.

Ansonsten darf aber die Tatsache, daß eine Schwangerschaft normalerweise in eine Kindsgeburt mündet, keine Rolle spielen. Nie darf von Embryonen, Vätern oder Abtreibung die Rede sein. Meine Schwangeren sind zwar hochgradig gewölbt, aber völlig unbeeindruckt davon, scheinen gewissermaßen kein Kind zu erwarten. Ihre Bäuche benutzen sie dazu, um Aschenbecher und Racke-Rauchzart-Flaschen darauf abzustellen. In Zeichnungen ist so was ja möglich. Freilich lauern im Beratungsgebirge auch Gefahren, hauptsächlich das *Röntgen-Rönsch*. Das Röntgen-Rönsch ist eine Frau, die auf einem Geparden durch die Wüste reitet, um schwangere Frauen zu röntgen. Den Röntgenapparat trägt sie wie eine Polaroidkamera um den Hals. Der Gepard trägt übrigens hochhackige Schnürstiefeletten, und da er Schuhfetischist ist, leckt er immer daran herum. Das gibt es. Ich kannte mal eine Katze in London namens Shirt-Licker, die jedem Mann auf den Schoß sprang und genüßlich an der Knopfleiste seines Hemdes herumleckte. T-Shirts oder Frauen-Blusen akzeptierte sie nicht. Der Gepard wird überdies, das ist der Hammer, von alternativen Energien betrieben. »Sein Windrad ist reizend«, sagt die eine Schwangere. »Aber seine Abgase sind Nervensache«, ergänzt die andere schmunzelnd. Überhaupt scheinen die Schwangeren das Röntgen-Rönsch nicht sehr ernst zu nehmen. Sie führen auch stets ein Eimerchen mit Anti-Materie bei sich, mit dem sie das Rönsch begießen, worauf es sich vorübergehend in Nichts auflöst. Oft ist der Griff zum Anti-Materie-Eimerchen aber unnötig, denn in der Wüste stehen außer den Beratungswegweisern oft auch Schilder, die auf Schuhgeschäfte hinweisen, »Alt-Berliner Schuhpalast 900 km« etwa, und dann rast der Gepard los, und das auf ihm sitzende Rönsch weiß nicht, wie ihm geschieht. So absurd ist das gar nicht. In der fränkischen Kleinstadt Uffenheim sah ich einmal ein

Schild mit der Inschrift »Donauwörth 129 km«. Daraus kann man nur schließen, daß der Uffenheimer Stadtrat für Verkehr Verwandte in Donauwörth hat und der Entfernung von Uffenheim nach ausgerechnet Donauwörth daher Bedeutung beimißt. Ein anderes gutes Schild befindet sich nahe Heidelberg und weist auf die Stadt Weinheim hin. Der Schildermaler war aber zu faul, das Wort »Weinheim« zu malen, und schrieb statt dessen: *Whm.*

Doch möchten wir unsere Schwangeren weiter den Bollerwagen ziehen lassen. Über die Flaschen könntest du die Wörter *klapper klapper klirr* setzen. Wenn dir das konventionell erscheint, lasse ich dich wissen, daß das Publikum derlei köstlich findet. Und: *Strotzstriche* müssen her. Herrje, da willst du ein gutgewaschener Cartoonist sein und weißt nicht, was Strotzstriche sind? Wenn einer eine Beule hat, dann malt man doch auch Striche drumherum, um ihren hervortretenden, eben strotzenden Charakter zu betonen. Die Schwangeren kriegen ihre Strotzstriche logischerweise vor die Bäuche.

Klar ist, daß die Schwangeren außer dem Rönsch auch noch was erleben müssen und nicht nur herumlatschen. Einmal sollten sie, wenn's recht ist, an einen Steinbruch kommen, in dem jugendliche Gewalttäter unter der unvergleichlich wenig milden Aufsicht hochhackiger und -schwangerer Wächterinnen schuften. Die Racke-Rauchzart-Frauen rufen dann erfreut: »Hoho, wie angenehm – so geschieht es Leuten, die in der Straßenbahn schwangeren Vietnamesinnen in den Bauch treten.« Der hinterherlaufende Kindmann darf nun auch wieder was vermelden: »Hehe, es ist zwar scheußlich, im Stimmbruch zu sein, aber nicht so scheußlich, wie im Steinbruch zu arbeiten.« Im Vertrauen sage ich dir, daß der Stimmbruchjunge in dem Comic nur vorkommen soll, damit er diesen Satz sagen kann. Danach könnte er von mir aus mit Anti-Materie begossen werden.

Am Ende müssen unsere Schwangeren dann eine fast lotrecht ansteigende Wand hochlaufen, was sie aber ohne weiteres meistern. Mal mir aber keine Saugnäpfe oder sonstwie Erklärendes! Sie singen dabei sogar feministisch gewürzte Parodien auf deutsche Kriegslieder. Die Flaschen sagen jetzt nicht mehr klapper klapper klirr, sondern evtl. *klonk klonk schepper,* vielleicht sind sie inzwischen auch alle. Oben angekommen, finden die Frauen ein herrliches Ausflugslokal namens »Beratung« vor. Auf einer großen Liegestuhlterrasse rekeln sich Dutzende von Hochschwangeren fröhlich tratschend bei guten Zigaretten. Schmalhüftige spanische Kellner reichen jederzeit und stumm Pokale mit Racke Rauchzart darin. Da schwangere Frauen es lieben zu stricken, hindern wir sie nicht daran und freuen uns auf gewisse Pullover, die wir gerne tragen werden, wenn wir uns mit gewissen Menschen über die gesellschaftlichen Ursachen von Kriminalität unterhalten. Notwendig wäre das – erschütternde Einsichten warten auf uns. Nun zeichne das erst mal! Verfilmen wäre zu teuer. Ich bin sicher, daß ein Teil des Publikums unseren Comic sehr lieben wird. Auf das übrige wollen wir pfeifen, und zwar schrill und unmelodisch, damit es hingeht, wo es hergekommen ist.

DIE MIKROWELLEN-HERREN

GOLDT / RATTELSCHNECK

FinnCrisp und Holstener Liesel

Bei mir kriegen Gäste fast nichts zu essen. Die wissen das aber und spachteln vorher. Mit dicken Bäuchen stehen sie vor der Tür und schnaufen. Ächzend lassen sie sich in Sessel fallen, und ich spiele ihnen CDs mit aufwühlender Musik vor. Einmal kam jedoch eine amerikanische Staatsbürgerin mit einem verknacksten Fuß eingetrudelt und erwartete zumindest diverse Salate. Ich hatte keine diversen Salate. Die US-Bürgerin war außer sich. »Mit einem Knacksefuß vier Treppen hoch und dann nichts zu essen!« In Amerika kenne man so etwas nicht. Um sie zu besänftigen, rief ich bei Call-a-Pizza an, obwohl ich eigentlich finde, daß jemand, der eine Pizza will, bitte sehr in eine Pizzeria gehen soll. Wer dazu zu faul ist, der mache sich bitte schön ein Butterbrot und verstopfe nicht die Papiercontainer mit seinen blöden Call-a-Pizza-Kartons. Auch lasse man den Gloria-Menübringdienst an seiner Tür vorbeischwirren.

Die Pizza war lauwarm und mit zehn Zentimeter langen, schlaffen Brokkolistielen belegt. Dem Mülleimer schmeckte sie gut. Da machte ich meinem Gast die Kleinigkeit, die ich auch an meinen Bierabenden reiche: FinnCrisp mit Holstener Liesel.

FinnCrisp ist eine Art Sauerteig-Vollkornknäcke, das von der Firma WASA in ansprechenden roten Packungen feilgeboten wird. Es ist dermaßen knusprig, daß die Polizei kommt, weil man beim Essen den Fernseher so laut stellen muß. Doch keine Angst: Man biete den Beamten einige Scheiben des guten Knäckes an, und sie werden sanftmütig von dannen ziehen. Supermärkte, die kein FinnCrisp haben, sollten abgerissen werden und durch solche ersetzt werden, in deren Sortiment die hübschen roten Schachteln lachen. Da würden sich die Baulöwen die Hände reiben, und die Jugendlichen kämen von der Straße. In Finnland selbst wird diese Spezialität in gigantischen Kästen angeboten; dort heißt sie freilich nicht FinnCrisp, sondern fängt mit einem H oder M an, dem dann noch eine angenehm hohe Anzahl anderer Buchstaben folgt. Die Amerikanerin, der das FinnCrisp so gut mundete wie jedem anderen Menschen, bezweifelte übrigens lachend, daß ein Pizzabringdienst in Amerika »Call-a-Pizza« genannt werden würde, aber die putzige Verwendung von englischen Vokabeln als europäische Modernitätsaccessoires habe sie stets amüsiert.

Ganz und gar herrlich ist es, FinnCrisp mit Holstener Liesel zu bestreichen. Dies ist ein »schmalzähnlicher Brotaufstrich mit Äpfeln und Zwiebeln«, der nur in Reformhäusern verkauft wird, nachdem er in Lüneburg, einer Stadt, vor der ich mich als Kind fürchtete, da ich hörte, sie würde im Erdboden versinken, hergestellt wurde. Holstener Liesel ist kein übelschmeckendes Sektiererprodukt wie jene vegetarischen Ersatzwürstchen auf Sojabasis, sondern hat sich im Verlaufe seines Bestehens eine so große Beliebtheit erarbeitet, daß sogar in Berliner U-Bahn-Waggons dafür geworben wird. Glauben Sie mir! In der quietschenden, stinkenden Linie 1 hängen wirklich kleine Plakate mit der Aufschrift »So lecker, daß man sich die Finger leckt – Holstener Liesel«. Ich finde sogar, daß eine Stadt, in deren öffentlichen Verkehrsmitteln nicht für vegetarischen Schmalzersatz geworben wird, keine Metropole ist, sondern ein Kaff, ein Ort des Jammers.

Das Bestreichen von FinnCrisp mit Holstener Liesel erfolgt nach einem ganz einfachen Rezept: Man braucht erstens FinnCrisp, zweitens Holstener Liesel, drittens Brettchen und Schmiermesser und viertens viel Sonne im Herzen. Meine Gäste sind normalerweise froh, daß sie bei mir nicht mit überambitioniertem Privatgekoche behelligt werden. Wenn man mal absolut ehrlich ist, muß man doch zugeben, daß mindestens bei jeder zweiten privaten Essenseinladung verlangt wird, durch und durch Mißratenes zu verzehren. Ich erinnere mich, einmal eine Darmgrippe vorgetäuscht zu haben, als ich alle paar Minuten mit gewölbten Wangen auf die Toilette ging. Nur wenn der Einladende davon Wind bekommen hat, daß man Vegetarier sei, bleibt der Teller von Kühnheit verschont. Dann kriegt man mit Käse überbackenen Brokkoli, die Curry-Wurst der Studi-Kneipen. Brokkoli eignet sich nur zum rohen Knabbern, und ohnehin würde ich als Tendenzvegetarier für einen rheinischen Sauerbraten auf die Innung pfeifen. Jedoch: Die deutsche Hausfrau, die einen gelungenen Sauerbraten zubereiten kann, liegt röchelnd auf dem Aussterbebett, und so viel Neokonservativismus kann gar nicht über unser Land hereinbrechen, daß man sie je genesen sehen wird. Statt dessen stelzen berufstätige Personen, die vielleicht zweimal im Monat kochen, mit Pfennigabsätzen durch ihre Küchen und müssen selbstverständlich mit erlesenen Besonderheiten überraschen. Ihre Ungeübtheit vertuschen sie, indem sie ihre Desaster mit frischen Kräutern bestreuen, von denen ein Stengel 3 Mark kostet. Daher rufe ich: »Lernt erst mal Bratkartoffeln machen!« und fordere gleichzeitig ein verstärktes Bleibenlassen des Privatbratens. Man gehe lieber ab und zu ins Restaurant. Dort kochen die Köche jeden Tag und können es daher vielleicht. Für die alltägliche Sättigung eignen sich Inder, da kann man sogar bei vegetarischen Gerichten alles aufessen. Orte, in denen es keine Inder gibt, sollte man abreißen und durch Städte ersetzen, wo es Inder gibt. Für zu Hause reicht FinnCrisp. Wer seine Gäste überraschen will, kann sich ja Witze ausdenken oder aufwühlende Musik zum Vorspielen kaufen.

Wie man zu siebt eine Straße bergauf geht

Die Tanzlehrerschaft ist bemüht ums Benehmen, posaunt einmal im Jahr »Benimm ist in«, und die Presse druckt brav, daß Benimm wieder in sei, was meint, daß die Menschheit wie einstmals in »Herren« und »Damen« eingeteilt werde und die ersten um die zweiten demutsvoll herumliebedienern. Was erzählen die Tanzlehrer nicht alles. Daß der Herr grundsätzlich links von der Dame, also zur Straße hin, gehe. Diese Kauzigkeit entstammt dem Amerika des 19. Jahrhunderts und hatte dort den Zweck, die Garderobe der Dame vor Schlammspritzern durch pfützendurchquerende Fuhrwerke zu schützen. Es muß den Amerikanerinnen ein Mordsvergnügen bereitet haben, ein Theater zwar in reinem Gewand zu betreten, doch mit völlig besudeltem Begleiter.

Gehen zwei Damen spazieren, geht die ranghöhere rechts, es sei denn, sie ist erheblich jünger. Geht ein Herr mit zwei Damen aus, dann schreitet er in der Mitte, und auch die possierliche Handkuß-Frage wird mal wieder aufgewärmt. Mit guten Manieren hat der Handkuß aber nichts zu tun, er ist sexistisches Etepetete. Benehmen braucht keine Walzerfilmgesten, sondern möge als Wegweiser dienen zur Schmerz- und Schadensminderung im Umgang mit Menschen und sonstiger Schöpfung. Doch weh, was sieht man überall: Menschen gehen mit Hunden in Restaurants, und die Tanzlehrer schweigen dazu. Es fragen welche nach dem Weg, ohne daß sie die Sonnenbrille abnehmen. Für Auskunft wird nicht gedankt und das Postamt rauchend betreten. Man mag sich gar nicht ausmalen, wie solche einen Kondolenzbesuch abwickeln. Erscheinen sie in Shorts? Nur widerwillig wollen wir mal nachschauen:

Die Witwe steht, wo Witwen immer stehen, nämlich am geschlossenen Fenster, und schaut leidend durch die Gardine. Es läutet. Die Hausangestellte sagt: »Frau Landrätin, Ihr Neffe Oliver.« Die Witwe zuckt, aus Bildern der Erinnerung gerissen, kurz zusammen und erwidert: »Sophie, mein Gott, ich vergaß – Oliver, mein Neffe! Oliver, Torsten, Tobias und Karsten, was haben meine Neffen doch uninspirierte Namen!«

Oliver tritt ein. Er trägt Blue jeans und ein weißes, langärmeliges Oberhemd und ist damit überraschenderweise völlig korrekt angezogen. Wer meint, daß sich unser Oliver in eine Bügelfaltenhose hätte stürzen müssen, der irrt! Kleidung, die der chemischen Reinigung bedarf, ist abzulehnen. Auch Trauertoilette sollte bei 40 Grad in der Waschmaschine waschbar sein. Die Etikette hat sich stets den Erfordernissen der Ökologie unterzuordnen.

Olivers Gewand ist also genehm, nun wartet sein Benehmen auf Beurteilung. Schweigend umarmt er die Tante. Korrekt! Die Landrätin geleitet ihn ins Nebengemach, wo der Leichnam des Onkels aufgebahrt liegt. Er denkt zwar, dies ist meine erste Leiche, gar nicht so schlimm eigentlich, sagt's aber nicht, und das ist die Hauptsache. Gegen Gedanken kann man nichts machen. Neffe wie Tante verfügen sich aus dem Leichenschauzimmer hinaus.

»Hat er sehr leiden müssen?« fragt er. »Ach was«, antwortet sie, »diese Art Tod geht immer sehr schnell.« Oliver denkt: Irgendwo hab ich mal gelesen, daß Leute, die sich aufhängen, eine Erektion dabei kriegen. Ob auch der Onkel…? Angewidert unterbricht Oliver seine Gedanken und sagt: »Du Tante, nimms mir nicht übel, aber ich stehe unten im Halteverbot…«

Ein Formfehler! Überall steht zwar geschrieben, daß Kondolenzvisiten 15 Minuten Dauer nicht überschreiten dürfen, doch der Hinweis auf den ordnungswidrigen Parkplatz des Sportcoupés ist taktlos. Schließlich weiß die Tante, daß Eveline, Tochter eines ihr verhaßten Stahlmagnaten, darin auf ihren, Tantes, Neffen wartet. Heiraten wollen die beiden. Oliver hat ausgesorgt, doch sie, die Tante, steht vor einem Schuldenberg und 25 maroden Kali-Bergwerken. Bald würde sie 10000 Arbeiter in eine glanzlose Zukunft entlassen müssen. Die Landrätin geht zum Bücherschrank, und ihr springt ein Käthe-Kollwitz-Bildband ins Auge. Als gebürtige von Bodelschwingh hat sie manches mit in die Ehe gebracht. Blätternd wird sie immer blasser.

Oliver und seine Eveline rasen mittlerweile durch Alleen Richtung Yachtclub. Auch Eveline hat schon von diesen Erektionen gehört, und die beiden haben sich in eine Art Champagnerlaune hineingewitzelt. An Ampeln küssen sie sich übermütig feucht, und schwer stampft elektronische Popmusik.

Es ist ein Frühsommertag. Die Witwe empfängt das Konsortium, zwei reiche Studenten (Oliver und Eveline) werfen krakeelend einen Liegestuhl ins Wasser, nachdem dieser bei dem Versuch, zu zweit darauf zu liegen, seinen Geist aufgab, und eine hochbetagte Frau in Kasachstan packt ihren Koffer. Der Sohn ist ihr gestorben in Deutschland, nun muß sie dorthin, ihn begraben.

Die Woche darauf, ein Regentag, sieben Menschen auf der Straße. Die Herren vom Konsortium haben am Friedhofstor bedauernd auf Termine verweisen müssen, Torsten und Karsten sind angeln in Patagonien und ohne Adresse. Seine kühle Eveline hat Oliver beschwatzen können. Als Gegenleistung für ihr Mitkommen wird er darauf verzichten, »seine blöden Basketballfreunde« zur Hochzeitsfeier einzuladen. Nun findet Eveline es sogar »witzig«, diese seltsam fremde Frau aus Rußland in ihrem Rollstuhl den Berg raufzuschieben: »Wie die redet, ist ja total witzig!« Sophie freut sich aufs Gasthausessen und daß sie heute nicht kochen muß. Die beiden Brüder üben Kritik an der Steilheit der Straße, räumen aber ein, daß die frische Luft der Tante guttue. Diese geht einige Meter hinter den anderen. Zwei ihr unbekannte kleine Jungen schieben ihre Räder neben ihr und schauen manchmal staunend zur Landrätin hoch. So eine vornehme, verschleierte Frau mit Sonnenbrille haben die beiden noch nie gesehen.

Freilich ist es taktlos, wo die Sonne nicht scheint, eine Sonnenbrille zu tragen. Wer sich nicht in die Augen schauen läßt, ist nicht Teil der menschlichen Gemeinschaft, der warmblütige Menschen anzugehören versuchen. Die Witwe ist aber ein Ausnahmefall. Ihr trauerndes Paar Augen kann Publikum nicht ab. Erinnerung durchwühlt die Frau.

Ihr Mann kam in den Salon gestürzt.

»Die Kali-Bergwerke, die Kali-Bergwerke!«

»Was ist denn mit den Kali-Bergwerken?«

»Alle marode, alle marode!«

»Wieso denn marode? Sag: Wieso marode?«

»Der Weltmarkt, der Weltmarkt, Jesus Maria!«

»Ach, red nicht daher. Der Weltmarkt wird sich schon wieder einkriegen. Kali wollen die Leute immer. Schau du doch mal besser raus in den Garten. Das Tau vom Boot im Teich ist ganz mürbe vom Wetter. Kein Tag wird verstreichen, und es treibt uns davon. Möchtest du rausschwimmen, wenn es am Inselchen strandet? Den Tod würdest du dir holen. Nun geh rasch zum Seiler und besorg einen kräftigen Strick.«

Der Landrat also schlich zum Seiler. Das Bötchen aber löste sich anderntags trotzdem vom Steg. Nun modert es bei der Insel.

Just in dem Augenblick, da die Landrätin fertig ist mit dem Erinnern, ist das Gasthaus auf der Höhe erreicht. Sieben Menschen sind eine Straße bergauf gegangen, und zwar so, wie eben beschrieben. »Dawai Babuschka«, kreischt Eveline. »Jetzt trinken wir Wodka Gorbatschow.« Die Fahrradkids sausen den Berg hinunter, und der Landrätin will's nicht recht schmecken.

Krieg der Mädchenschweigekreise

MODERATOR Zum Thema Schweigekreise ist in den letzten Jahren ja weiß Gott viel gesagt und geschrieben worden, und auch die übliche Zerfaserung der betreffenden Szene in die gängigen Sparten Frauen, Kirche, Schwule usw. will nicht bemerkenswert erscheinen. Da es von allen Frauenangelegenheiten inzwischen eine Mädchenvariante gibt, verwundert die bloße Existenz der sogenannten Mädchenschweigekreise auch nicht gerade. Jetzt häufen sich aber doch die Hilferufe besorgter Eltern, die sich fragen, wie das weitergehen soll. Die Mädchen giften sich an, und nicht nur das: Die Stuttgarter Mädchen haben jüngst den Kölner Mädchen mit Vernichtung gedroht. Mit mir am Tisch sitzt Svenja, sie ist inzwischen 20. »Inzwischen« sage ich, weil wir schon einmal das Vergnügen hatten, und zwar vor zwei Jahren, als es um das Mädchenwohnprojekt Nassauische Straße ging. Frage: Was ist eigentlich aus dem Projekt geworden?

MÄDCHEN Ich weiß nicht. Ich habe keinen Kontakt mehr zu den Häusern. Irgendwann ist die Nassauische Straße, glaube ich, in die Pfalzburger Straße umgezogen, aber seitdem weiß ich nichts mehr.

MODERATOR Müssen Sie ja auch nicht. Das ist ja nicht unser Thema heute. Ich stelle mich jetzt mal ganz naiv und frage: Was macht ihr eigentlich in eurem Schweigekreis?

MÄDCHEN Beileibe nicht nur schweigen. Schweigen natürlich auch, aber insgesamt machen wir unheimlich viel. Wir beraten einsame Mädchen, wir besuchen kranke Mädchen, wir helfen Mädchen, die kein Geld haben, das kann man gar nicht alles aufzählen. Wir sind mitunter sechs, sieben Stunden am Tag auf den Beinen. Und eine Schweigekreiszeitung geben wir auch heraus.

MODERATOR Haben Sie vielleicht Lust, darüber mehr zu erzählen?

MÄDCHEN Hmhm. Unsere Zeitung heißt ›Die Kaffeekasse‹. Zuerst sollte sie ja ›Die Kaffeetasse‹ heißen, aber wir haben aus Jux immer ›Kaffeekasse‹ gesagt, und wir fanden das zum Schluß dann als Namen viel witziger. Die Zeitung erscheint jetzt schon seit zwei Jahren, und es sind Tips drin, Infos, Ratschläge und dann noch unsere Tauschbörse.

MODERATOR Und wie oft erscheint die ›Kaffeekasse‹?

MÄDCHEN Bislang erst einmal im Jahr. Mehr ist finanziell leider nicht drin.

MODERATOR Schade! Die Tauschbörse findet ja nicht nur in der ›Kaffeekasse‹ statt, sondern auch ganz erfolgreich live im Mädchenladen in der Heilbronner Straße. Was tauscht ihr denn da so alles?

MÄDCHEN CDs, LPs, Kassetten, Anziehsachen, Hefte, Kalender...

MODERATOR Schön!

MÄDCHEN Ein Mädchen hatte auch mal Videos mit, aber die wollte keiner, und da hat sie die wohl oder übel wieder mit nach Hause schleppen müssen.

MODERATOR Ach Gottchen, das ist ja süß. Noch mehr interessieren würde mich aber, zu erfahren, warum ihr euch überhaupt zusammensetzt und schweigt. Früher hieß es »Mädchen machen mobil«, »Mädchen machen startklar«, »Mädchen lassen sich das nicht länger bieten«, »Mädchen machen dies und das«. Heute hocken sie im stillen Kämmerlein und schweigen. Das können viele Menschen nicht verstehen.

MÄDCHEN Ich glaube, was viele Leute verwirrt, ist die Doppelbedeutung des Wortes »Kreis«. Es bedeutet einerseits, daß wir ein lockerer Kreis von Mädchen sind, aber andererseits eben auch, daß wir, wenn wir zusammen sind, im Kreis sitzen. Das kapieren unheimlich viele Leute nicht.

MODERATOR Das kapiere ich schon, aber warum dieser Rückzug ins Private?

MÄDCHEN Wir wollten eben mal zeigen, daß Mädchen noch was anderes können, als in U-Bahn-Schächten rumzulungern und Leute anzurempeln.

MODERATOR Das Rempeln hat aber meiner Beobachtung nach nur ganz minimal nachgelassen, ich glaube sogar, daß es deutlich erkennbar zugenommen hat.

MÄDCHEN Ja, das sind aber heute ganz andere Mädchen, die da rempeln, die sind viel jünger, als wir es damals waren. Wir versuchen ja sogar, die Mädchen aus der Rempelszene rauszuholen.

MODERATOR Wie macht ihr das?

MÄDCHEN Man kann das nur machen, indem man aktiv auf die Mädchen zugeht und gezielt mit ihnen redet, aber nicht so von oben herab, von wegen: Du böses Mädchen, du darfst doch keine Omas anrempeln. So lehrerhaft hat das gar keinen Zweck.

MODERATOR Ob Oma Meyer aus Steglitz, der am Kudamm die Brille von der Nase segelt, oder Opa Müller aus Tempelhof, dem am Halleschen Tor die Herztabletten herumkullern, für solche softe Methoden viel Verständnis aufbringen, möchte ich bezweifeln.

MÄDCHEN Und ich würde bezweifeln, daß ich für herumkullernde Herztabletten die richtige Ansprechpartnerin bin.

MODERATOR Das waren Beispiele. Schlimme Beispiele für etwas, das bekämpfen zu wollen ihr euch Gott sei Dank jetzt auch auf die Fahnen geschrieben habt. Aber reine Friedenstäubchen sind die Schweigemädchen doch wohl auch nicht, wenn man in der Presse von den Vernichtungsdrohungen aus Stuttgart in Richtung Köln liest.

MÄDCHEN Wenn Stuttgart Köln vernichten will – bitte schön, von mir aus. Aber was haben wir damit zu schaffen?

MODERATOR Nanana! Der Auseinandersetzung Berlin–München haftet, will mir scheinen, auch ein durchaus kriegerischer Charakter an.

MÄDCHEN Jaja, kriegerischer Charakter, Krieg der Mädchenschweigekreise etc. blabla. Es langweilt langsam. Das ist doch alles nur herbeigeredet worden von Journalisten der Güteklasse, die diese Bezeichnung gar nicht verdienen. Es ist einfach so, daß uns die Spießermedien, gerade weil wir uns als zeitgemäßen Teil der Friedensbewegung auffassen, mit solchen Formulierungen als Heuchlerinnen entlarven wollen. Die Strategie ist ja altbekannt. Wenn irgendwo im Fernsehen über jugendliche Umweltgruppen oder so berichtet wird, die z. B. Aktionen gegen Autos machen, dann können Sie sicher sein, daß in dem Bericht über so eine Sitzung eine Großaufnahme von einem übervollen Aschenbecher vorkommt, um die Autogegner umweltschützerisch als verlogen darzustellen.

MODERATOR Das ist in der Tat eine primitive Masche. Aber wie war das denn nun mit den Münchnerinnen? Ihr habt doch verlautbaren lassen, daß die Münchner Mädchen blöde – ich möcht das nun nicht wörtlich wiedergeben –, daß die Münchner Mädchen blöde Pünktchen, Pünktchen, Pünktchen seien, die nur Kaffee trinken und Modeheftchen lesen.

MÄDCHEN Die Münchner Mädchen haben aber damit angefangen. Die haben nämlich behauptet, daß wir nur dumm rumsitzen, Kaffee trinken und überhaupt keine tieferen Kicks empfinden.

MODERATOR Genau das also, was ihr über die Münchner Mädchen erzählt.

MÄDCHEN Ja, aber bei denen stimmt das ja auch. Ich kann das auch belegen. Die Mutter von einem der Mädchen, Sandra Pieper, ist nämlich Fußpflegerin, und wissen Sie, wo die Mädchen sich treffen? Nach Geschäftsschluß in dem Fußpflegeladen von Sandras Mutter. Dann hocken sie da, paffen ihre lächerlichen Leichtzigaretten und lesen die Illustrierten, die tagsüber die Frauen lesen, während die Mutter von dieser Sandra ihnen an den Füßen rummanipuliert. Und hinterher lassen sie sich von Spiegel-TV interviewen und faseln was von Ekstase und Hildegard von Bingen und kriegen auch noch jährlich 600 000 DM von der Stadt München dafür.

MODERATOR Weil Sie das gerade ansprechen: Wie finanzieren sich denn die Berliner Mädchen?

MÄDCHEN Das ist eine Riesenproblematik. Vom alten Senat haben wir immerhin eine Million bekommen. Damit konnten wir manches Projekt, leider natürlich nicht alles, realisieren. Einige Wochen nach der letzten Wahl kam dann eine Frau vom neuen Senat. Die war eigentlich sehr aufgeschlossen und interessiert, richtig süß sogar. Wir waren schon total erleichtert, aber dann fing die an zu reden von der veränderten politischen Landkarte in Europa und daß man Prioritäten neu setzen müsse. Schließlich rückte sie mit der Bombe raus: Wir sollen jetzt nur noch 800000 im Jahr kriegen.

FRAGEHEINI Das dürfte ein ziemlicher Dämpfer gewesen sein.

ANTWORTTUSSI Wir wissen überhaupt nicht, wie wir unsere Arbeit noch weiter in den Griff kriegen sollen. Aber da kann man Gift drauf nehmen: Wir machen weiter. Wir werden kämpfen, kämpfen, kämpfen. Wir können und dürfen nicht zulassen, daß wegen irgendwelchen komischen Landkarten die Mädchenprojekte als erstes den Bach runtergehen.

FRAGEHEINI Ja, da muß sich noch verdammt viel ändern in unseren Köpfen. Da sind noch viele verkrustete Strukturen aus ganz unseligen Zeiten vorhanden.

ANTWORTTUSSI Genau. Und damit sich endlich mal was ändert in den Köpfen, gehen wir jetzt verstärkt an die Öffentlichkeit. Obwohl: Eigentlich stößt uns der Medienrummel ja ab, Interviews und so weiter. Ich finde, wenn Mädchen etwas machen, dann brauchen sie keine Typen, die ihre Nase da reinhalten und sowieso nichts schnallen.

TYP Sie sagten eben »Typen«. Könnten Sie sich vorstellen, gemeinsam mit jungen Männern zu schweigen? Und eine zweite Frage schließt sich automatisch an: Warum grenzt ihr euch so von der Frauenbewegung ab?

DANCEFLOORSCHRAPNELLE Abgrenzen würd ich nicht sagen. Uns öden bloß manche Inhalte an, diese

»Por-No«-Geschichte zum Beispiel. Wir finden Pornos, wenn überhaupt, dann eher ganz lustig oder einfach langweilig. Außerdem stehen wir mehrheitlich auf Dancefloor und Techno, und die älteren Feministinnen ab 30, die hören immer so Griechengedudel und Paolo Conte, so Rotwein-Sound eben.

MODERATOR Und was ist mit Jungs?

MÄDCHEN Jungs finden wir gut. Aber in dem Punkt sind wir total realistisch. Wenn wir zum Senat gehen und sagen: Halli hallo, wir sind Mädchen und Jungs zwischen 12 und 18, und wir wollen gemeinsam schweigen, dann würde der Senat doch sagen: Bei denen piepts wohl, die wollen nur rummachen – keine müde Mark würden wir kriegen. Für frauenbezogene Projekte rücken die schon eher was raus. Die sagen sich: Wenn München 600 000 übrig hat, dann müssen wir als Hauptstadt natürlich erst recht. Das ist für die ja auch Metropolenprestige.

MODERATOR Da beeindruckt mich mal wieder Ihre entwaffnende Ehrlichkeit. Übrigens gibt es in Holland auch schon gemischte Schweigekreise.

MÄDCHEN Ja, die Holländer sind uns ja immer einen Schritt voraus.

MODERATOR Modell Holland! Da können wir nur von lernen. Frage: Wie soll es denn in Berlin konkret weitergehen?

MÄDCHEN Wir machen erst mal unheimlich Druck. Am nächsten Sonntag fahren wir alle nach München. Wir haben so einen IC-Großraumwagen gemietet, nur für uns Mädchen, und damit es nicht so langweilig wird, nehmen wir zwei DJs aus der »Turbine« mit und einen russischen Zauberer. Außerdem haben wir eine alte Roma-Frau aufgetan, eine unheimlich schrille Frau, die wird uns auf der Fahrt wahrsagen. Ich glaube, das wird total witzig. In München werden wir dann mit den Münchner Mädchen ein paar Takte Klartext reden.

MODERATOR Das klingt doch hübsch nach Friedenspfeifchen rauchen.

MÄDCHEN Daß wir was zu rauchen dabeihaben werden, könnte schon hinkommen, aber von dem Zeug geben wir den Münchner Mädchen bestimmt nichts ab. Könnte passieren, daß die uns dann auf die Messer kotzen, die zarten Pflänzchen.

MODERATOR Das klingt jetzt aber doch wieder ein bißchen aggressiv! Nun gut, ich will Ihnen schon glauben, daß Sie in München kein Blutbad anrichten wollen. Wir sind jetzt auch ein bißchen zu sehr von unserem Kernthema abgekommen. Wie ist das denn eigentlich mit diesem Schweigen? Wie viele Mädchen kommen da zusammen, und wie läuft das im einzelnen ab?

MÄDCHEN Das kommt ganz drauf an. Mal kommen zwanzig, mal zehn, mal auch überhaupt niemand, wenn z.B. das Wetter gut ist. Wir treffen uns halt ganz locker, schmeißen erst mal die Espressomaschine an…

MODERATOR Aha! Kaffee wird also doch getrunken!

MÄDCHEN Ja, natürlich trinken wir Kaffee, aber eben doch nicht nur!

MODERATOR Und: Lest ihr auch Illustrierte?

MÄDCHEN Ja, sicher. Warum sollten wir denn keine Illustrierten lesen? Ich möchte an dieser Stelle übrigens mal deutlich machen, daß ich es für ziemlich anmaßend halte, von mir zu verlangen, daß ich mich hier fürs Kaffeetrinken rechtfertigen soll. Außerdem trinken wir ja auch nicht diese prollige Filterplörre wie die Münchnerinnen.

MODERATOR Entschuldigung. Bitte erzählen Sie noch etwas von Ihren Sitzungen.

MÄDCHEN Okay. Wir setzen uns im Kreis hin und fassen uns dabei an den Händen.

MODERATOR Was empfinden Sie dabei?

MÄDCHEN Das kann ich unheimlich schwer beschreiben. Das ist so ein warmes, weiches Gefühl, das pulsiert so schön in den Adern, man wird ganz leicht, und dann kribbelt das so toll…

MODERATOR Es kribbelt?

MÄDCHEN Es kribbelt unheimlich schön. Manchmal wälzen wir uns auch auf der Auslegeware herum und streicheln uns gegenseitig, dann kribbelt es am besten.

MODERATOR Hm. Wenn ich mir jetzt vorstelle, wie Oma Meyer in Steglitz…

MÄDCHEN Die nun schon wieder!

MODERATOR …wie Oma Meyer in Steglitz mit 500 Mark Rente vor ihrem alten Radio in Steglitz sitzt, dann glaube ich, daß Oma Meyer jetzt denkt: Eine Million fürs Herumwälzen auf der Auslegeware, damit es schön kribbelt, so etwas gab es früher nicht.

MÄDCHEN Ich glaube, ich höre nicht recht. Wenn Sie meinen, das Gespräch jetzt auf diesem miesen Anmachniveau weiterführen zu müssen, dann können wir es auch bleibenlassen.

JOURNALIST *einem Plastiker ähnlicher werdend* Wir Journalisten werden schließlich dafür bezahlt, daß wir auch mal eine unbequeme Frage stellen und auch ein bißchen provozieren. Wir werden nicht fürs Bauchpinselertum bezahlt.

MÄDCHEN *einer Plastik ähnlicher werdend* Wie schön für Sie! Ich habe es aber absolut nicht nötig, mich hier von Ihnen öffentlich fertigmachen zu lassen. Und außerdem: Wenn es Oma Meyer und ihrem alten Radio nicht paßt, daß sich junge Frauen einen Platz im Herzen der Gesellschaft erfechten, dann soll sie mal aufpassen, daß ihr nicht wieder die Herztabletten am Halleschen Tor umherkullern.

PLASTIKER Das war Opa Müller aus Tempelhof.

SITZENDE Opa Müller kann man auch nur raten, hübsch vorsichtig zu sein. Im Dunkeln besonders. Großstadt ist ein gefährliches Terrain.

PLASTIKER Svenja, an einer so erhitzten Gesprächsatmosphäre haben unsere Hörer doch keine Freude, und Ihrem Projekt hilft das doch auch nicht weiter.

STEHENDE Nix da Svenja. Für Sie bin ich jetzt wieder Fräulein König.

PLASTIKER Ich bekomme absolut keine Zahnschmerzen davon, Sie so anzureden, wie Sie es am schönsten finden, aber machen Sie doch bitte mal halblang.

GEHENDE Machen Sie doch selber halblang. Mir reichts jetzt. Ciao.

MODERATOR Tja, unser Studiogast packt seine Siebensachen, und wir fragen uns jetzt alle, wie es weitergehen soll. Vielleicht weiß George Moustaki eine Antwort, von dem wir jetzt ein besonders nachdenkliches Sirtaki-Chanson hören werden.

(Daß der Moderator Frl. König in der 3. Person anredet, aber die 2. Person benutzt, wenn es um die Gesamtheit der Schweigekreisteilnehmerinnen geht, ist keine Schlamperei, sondern eine in der deutschen Umgangssprache häufig zu beobachtende Eigentümlichkeit. Leute, die als Einzelpersonen gesiezt werden, werden als Angehörige einer Gruppe oft mit einem jovialen »ihr« angesprochen.)

Schweres tragend

Ich spreche nicht gern davon.

Sie kennen Gisela aus Schwabing. Sie kennen ihren Leberfleck, der, stets umwölkt vom schwarzen Rauch von Gönnern hingeschobener Zigarren, ihr Markenzeichen ist. Sie lieben es zu hören, wie Gisela im »Arabella« singt; sie singt den Chrysanthemenblues wie kaum eine andere; sie singt den Slowfox »Harry Clark« von den Leuten abgewandt, um zu verbergen, daß es wahr ist, was sie singt. Sie wissen das und lieben das Klischee vermutlich.

Ihr Mann war ein Rumäne. Er hatte sie geschlagen, jeden Tag und jahrelang. Davon hat sie ihr Timbre. Ihre Eltern waren arm gewesen, sie zogen ständig um. Schulfreundinnen? Sie hat keinen näher kennengelernt. So lernte sie den Blues. Sie wissen auch, ihr fehlt ein Finger. »Den hat mein Mann, der ein Rumäne war, mir abgehackt«, sagt sie zu Radioreportern. Doch war es anders. Ich spreche nicht gern davon.

Es war vor mehr als zwanzig Jahren. Wir spielten, beide noch blutjung, in einem Nummernkabarett in der nicht eben besten Gegend. Viel sprang nicht dabei raus, wir ernährten uns von »Zwiebeln und Sinalco«, falls Sie den Jargon verstehen, und wenn was übrigblieb, dann ging es drauf für… nun, ich will Gisela nicht in den Schmutz ziehen. Kurz, wir waren »körperlich am Ende und künstlerisch am Anfang«, so ein interner Jokus damals, und immerhin: Es gab Applaus. Applaus für Giselas vom Bariton damals noch weit entfernte Stimme und auch für meinen Ausdruckstanz – zur Musik von Xylophon und Pauke tanzte ich das Werden des Menschen im Mutterleib; die damaligen Jahre verlangten Frivoles. Es fällt mir schwer, mich eitel hinzusetzen und zu sagen, Gisela verehrte mich. Doch so verhielt es sich, und eines Abends kam sie an und sprach von Ehe, ja sie leuchtete vor Kinderwunsch. Ich sagte: Gisela, das geht nicht, wegen Norbert. Sie weinte schwer verletzt.

Nun heiß ich lange nicht mehr Harry Clark, und Norbert – Gott im Himmel, wer war das? Doch oft, wenn ich Studenten sehe, die mit Luftballons durch Schwabing lärmen, denke ich, wie gut und angebracht das wäre, wenn dieses unsere Kinder wären, Giselas und meine, wenn ich damals nicht so töricht nur dem primitiven Trieb gehorcht; und wenn Gisela den Slowfox »Harry Clark« singt, sitzt jeden Abend in der letzten Reihe, schon seit Jahren, ein ausrangierter Ausdruckstänzer, der kein Pseudonym mehr braucht, und weint.

Was mit ihrem Finger ist, weiß ich nicht genau. Sie hatte schon früher nur neun. Vielleicht hat sie ihn schon als Kind verloren, bei einem Umzug, Schweres tragend. Sie sprach nicht gern davon.

Oma Lüneburg trinkt keinen Sprudel

M	*Mann*
F	*Frau*
K1	*Erstes Kind*
k2	*Zweites Kind*

Silvestergeknalle

M Na, ihr Kinder!

K1 Hallo, was hast du denn für ein chices Mikrophon. Sind das richtige Diamanten?

M Natürlich sind das richtige Diamanten an meinem Mikrophon. Wißt ihr, ich komme vom Radio, und das Radio hat ganz viel Geld!

k2 Und was machst du hier mitten in der Nacht zu Silvester?

M Ich interview die Leute auf der Straße, warum sie so knallen.

K1 Das kommt von den Heiden, um die Geister zu verjagen.

M	Du bist ja ein richtiger kleiner Akademiker, du Steppke, du!
k2	Interviewst du uns auch mal?
M	Nun preß deine Schnute mal nicht so dicht an den Plopschutz ran, mein kleiner Freund und Kupferstecher. Gut, weil ihr es seid, will ich euch mal so richtig durchinterviewen wie einen richtigen Politiker mit einem dikken Bauch. Also, ihr fremden Kinder, was macht ihr denn in der Silvesternacht so kurz vor Mitternacht in diesem Park?
K1+2	Wir warten auf die Mutti.
M	Um diese Uhrzeit? Aber Kinder!
K1+2	Unsere Mutter ist zur Orgasmusberatung von der SPD gegangen, und wir warten hier auf sie.
M	Und wo ist euer Vater?
K1+2	Der ist zu Hause und liest Novellen.
M	Macht er das öfter?
K1+2	Nur wenn Mutti zur Orgasmusberatung von der SPD geht.
K1	Und von der CDU!
M	Geht denn die Mutti auch zur Beratung von der CDU?
K1+2	Ja, einmal ist sie, aber da hat es ihr nicht gefallen. Sie ist mit 'ner Pelzkappe hingegangen und kam mit 'ner Pudelmütze zurück. Bei der SPD ist es viel besser.

M Und wo ist die Oma?

K1+2 Die ist in Leipzig und kocht Essen für Gemütskranke.

k2 Ganz scheußliches Essen mit Soße, die in Fässern über so eine Rampe gerollt wird, und Kartoffeln mit Schwefel.

K1 Und die Omi ist immer ganz überarbeitet, weil die Gemütskranken soviel Beffsteck fressen wollen.

M Au weia! Aber ihr werdet doch wohl noch eine zweite Oma haben irgendwo.

K1+2 Ja, Oma Lüneburg. Aber die ist so komisch.

M Wie: komisch?

K1+2 Na ja, komisch halt. Die hat so komische Punkte am Mund und hat so einen dicken Hintern, daß sie zwei Stühle braucht.

k2 Die dürfen aber keine Armlehnen haben.

K1 Nee, Armlehnen nicht. Sonst schnauzt sie alle Leute an.

k2 Und sie trinkt keinen Kaffee.

M Dann trinkt sie wohl Tee.

K1+2 Hmhm. Tee trinkt die auch nicht.

M Sprudel!

K1+2 Sprudel auch nicht, und dann fängt sie immer so zu singen an, so huhuhu, wie ein Gespenst. Huch, da kommt Mutti!

F Ach, das ist nett, daß Sie meine kleinen Nervensägen interviewt haben, während ich bei der Beratung war. Das ist ja ein tolles Mikrophon, das hab ich ja noch nie gesehen, sind das echte Diamanten?

M Nein, das ist Straß.

F Hauptsache, es funktioniert.

M Wie war denn die Beratung?

F Ganz toll, also die haben sich so Mühe gegeben. Die lassen das nicht zu einer hohlen Tradition degenerieren, die überlegen sich jedesmal was Neues, die haben auch so einen Blick für die Nöte des einzelnen, da kann man sich so richtig fallenlassen, denn man kann sich sicher sein, da ist einer, der weiß, daß es gut ist, daß er da ist, und zwar für jemanden, der das weiß und weich fallen möchte. Und man fällt weich! Da sind die von der SPD wirklich top. Einmal war ich ja auch bei der CDU.

M Ja, und da sind Sie mit einer Pudelmütze zurückgekommen.

F Da hat offenbar der Nachwuchs den Mund aufgerissen.

M Das ist des Nachwuchs' Tradition und Privileg.

F Es war so: Meine Stammberaterin hatte an dem Tag eine Friedhofsverpflichtung, und da dachte ich, probierst du es halt mal bei der CDU. Die haben sich auch Mühe gegeben, aber von der ganzen Atmosphäre her, ich saß da nur und dachte, mein Gott, dachte ich, das war so stockfischig, da war kein Pfiff im Kamin. Und dann habe ich auch noch meine Pelzkappe da liegengelassen. Und weil's mir kalt am Kopf wurde, hab ich mir auf dem Heimweg bei Hut-Schumacher eine Pudelmütze gekauft.

M Und Oma Lüneburg, ich nehme mal an: Ihre Mutter, trinkt nie Kaffee?

F Nee, Kaffee trinkt die nicht, noch nicht mal Tee.

M Und Sprudel soll sie angeblich auch keinen trinken.

F Oh, Sprudel trinkt sie! Sprudel schon! Doch, doch, sie trinkt Sprudel. Sprudel allerdings.

M Ihre Kinder sagen, daß sie Sprudel auch keinen trinkt.

F Sebastian! Jessica! Was erzählt ihr denn? Wo seid ihr überhaupt?

M Vermutlich sind sie irgendwo inmitten der Raketen!

F Davon gehe ich auch mal aus. Was macht man als Mutter nicht durch! Aber was *meine* Mutter an Sprudel weghaut, das geht auf keine Hutkrempe mehr. Mein Mann ist auch nur am Händeringen und Beanstanden, wenn er ans Kästenschleppen nur denkt. Am

Nachmittag trinkt die leicht einen Kasten weg. Sebastian! Jessica! Da seid ihr ja. Wieso erzählt ihr dem Mann, daß Oma Lüneburg keinen Sprudel trinkt? Ihr wißt doch genau, daß die Oma in der Zeit, wo wir gerade mal eine halbe Tasse Kaffee runterwürgen, einen ganzen Eimer Sprudel trinkt.

K1+2 Stimmt ja gar nicht. Unsere Mutter lügt! Oma Lüneburg trinkt nie Sprudel. Nie!

M Nana, ihr könnt doch so nicht mit eurer Mutter reden, die sich den ganzen Tag für euch abrackert.

K1+2 Abrackern? Wir hören immer abrackern. Pralinenessen ist doch nicht dasselbe wie Abrackern. Immer wenn sie von der Orgasmusberatung kommt, behauptet sie, daß Oma Lüneburg eimerweise Sprudel trinkt.

F Hören Sie nicht auf die Kinder! Sehe ich etwa aus wie eine Frau, die einer Orgasmusberatung bedarf, um zu erklären, daß ihre Mutter gerne Sprudel trinkt?

M Sehen Sie mich mal an! Nein, Sie sehen nicht so aus. Ach herrje, da drüben bei Ingeborgs Brutzel-Treff, da steht Heinz Kluncker, der berühmte Ex-Gewerkschaftsboss mit dem charismatischen Kinn. Einen schönen Luftballon hat er.

F Ja, so ein Bar-Luftballon, wo *Bar* draufsteht.

M Ich war neulich unten in Düsseldorf in einer Bar, ich hab gezahlt, hatte mir ein hübsches

Sümmchen zusammengesoffen, und ich schau das Fräulein so an, und sie versteht nicht, und ich sage: Na, wo bleibt mein Ballon, und sie, so eine richtige rheinische Breitseite von der hyperkessen Sorte, fragt mich: Was für ein Ballon? Die wußte überhaupt nicht, was ich meine!

F Ja, das wird immer schlimmer, immer unpersönlicher. Demnächst schieben sie einem nur noch ein Rohr in den Rachen, man kriegt eine Magnetstreifenkarte in die Hand, und das Geld wird vom Girokonto abgebucht.

M Jaja, der Heinz Kluncker. Was machen eigentlich die Kinder?

F Sie trotten in gebührendem Abstand hinter uns her und spielen Frugopop.

M Frugopop?

F Ja, ein Kind zählt abwechselnd Popgruppen und Obstsorten auf, und wenn das andere Kind keine Lust mehr hat, sich das anzuhören, dann ruft es »Frugopop« und zählt selber Popstars und Obstsorten auf.

M Das klingt gar zu niedlich. Wir wollen ein wenig lauschen.

K1 Nektarinen, 2Unlimited, Schwarze Johannisbeeren, Haddaway, Sauerkirschen, Mariah Carey, Süßkirschen…

k2 Frugopop! Marky Mark, Blutorangen, Ace of Base, Waldmeister…

K1 Waldmeister gildet nicht!

k2 Du mußt »Frugopop« sagen und nicht »Waldmeister gildet nicht«.

F Eine merkwürdige Generation habe ich da in die Welt gesetzt. Es scheint Zeit für die Kinder zu sein, in die Federn zu hüpfen.

M Für mich ist es aber auch Zeit. Ich muß noch ein paar Feuerwerker ausquetschen.

F Hopp hopp, in die Kissen jetzt mit euch zwei beiden Pop- und Fruchtexperten.

M Entschuldigung, der Herr bitte mit dem ganz dicken Böller. Haben Sie sich persönlich angesprochen gefühlt, als Sabine Christiansen in den gestrigen Tagesthemen Leute wie Sie als Knallpöbel bezeichnete?

Weißt du noch?

»Ja, das stimmt:
Vorhangstoffe und Tapeten, die vergißt man nie.
Und was man alles essen mußte.
Weißt du noch das quietschende Schränkchen
und Frau Bienecks schlesische Kalender?
Weißt du noch, wie wir als Kinder,
als nichts wunderbar war und nichts
 unerträglich,
Sonntag morgens vor dem Kirchgang
gegenübereinander im Bette lagen,
deine Füße auf meinen Schultern,
auf deinen Schultern meine Füße,
und unseren Füßen Namen gaben?
Deine hießen Achmed und Chinee.
Weißt du noch, wie meine hießen?
Und weißt du noch: Der Vater
mit dem Kaffeewärmer auf dem Kopf,
wenn er mal lustig war,
und wie er über die Mutter herzog,
die über den schlesischen Bildbänden ächzte?
Und weißt du noch, wie wir Sünden erfanden
exklusiv für Pastor Knolle?
Damit wir was zu beichten hatten jede Woche.

Wir konnten dem ja schlecht die echten Sünden
beichten,
Der hätte das weitergetratscht, meinten wir.
Doch einmal sagtest du, das ist alles Quatsch,
was der Pastor erzählt.
Das zwang ich dich zu beichten.
Das war wohl etwas hart für dich,
und weißt du noch, wie das Schränkchen
quietschte,
wo die ganzen Tabletten drinwarn?
Und die Frisur der Nachbarin,
die Kaffee aus der Tülle trank,
und wie ihre Hände rochen?
Sie rochen nach Kartoffeln,
wie sie uns die Augen zuhielt,
als das mit der Mutter geschah,
die das gräßliche Essen kochte,
doch wenigstens die Nudeln salzte
und nicht Zucker drantat wie die Nachbarin,
die Kaffee aus der Tülle trank.
Und weißt du noch, wie's im Krankenhaus roch
bei den Irren? Da ging der Vater
nicht mit Kaffeewärmer auf dem Kopf hin,
und wir gewöhnten uns an gezuckerte Nudeln.
Weißt du noch?«

»Ja, das weiß ich noch.«

Immerhin: Ihr tut's nicht weh (und ihm ja sowieso nicht)

Trampel lag, Augen zu, in einer Ecke
auf dem Ball der harten Herzen,
(das war ein Scherz, den wer gemacht hat).
Ihr Tisch war umgekippt,
und ihre Freunde oder Mitarbeiter,
(oder was das war)
die waren schon gegangen,
als *Schnösel* sie entdeckte.
(Sein Tisch war auch umgefallen.)
Er wollt sie zu sich hochziehen,
noch wummerten die Wechselbässe für allgemeine
Stimmung.
(»Mein lieber Scholli, Schacka Schacka.«)
Sie sagte: Weißt du was? Ich bleib hier liegen,
bis wer kommt und Feierabend sagt,
worauf er Feierabend sagte
und sie in Richtung Parkplatz zerrte.
Da haben sie sich angeschrien.
Was dann kam, war nicht Liebe.
(Nicht mal schöne Sauerei.)
Immerhin: Ihr tat's nicht weh
und ihm ja sowieso nicht.

Bald trafen sie sich wieder
beim Kopieren auf dem Korridor.
Er sagte: Ist mir peinlich wegen neulich.
Sie sagte: So was kommt in den besten Kreisen vor.
Er sagte: Du kennst ja Sprüche, mein lieber Schwan.
Sie sagte: Warst du schon mal im *Slumberland?*
Seitdem sind sie andauernd dort.
(Und hinterher schreien sie sich an.)
Doch beide finden es so besser
als wie es vorher war.
Natürlich ist's nicht Liebe
(nicht mal schöne Sauerei)
doch ihr tut's nicht weiter weh,
und ihm ja sowieso nicht.
Wer wollte da den Richter spielen
und das Päckchen mit den Minuspunkten öffnen?
(...)

Das Haus brennt, *Menschen kommen ums Leben. Die drei Hausbewohnerinnen drücken ihren Schrecken mit Mimik und Gestik aus. Starr stehen sie auf der Bühne.*

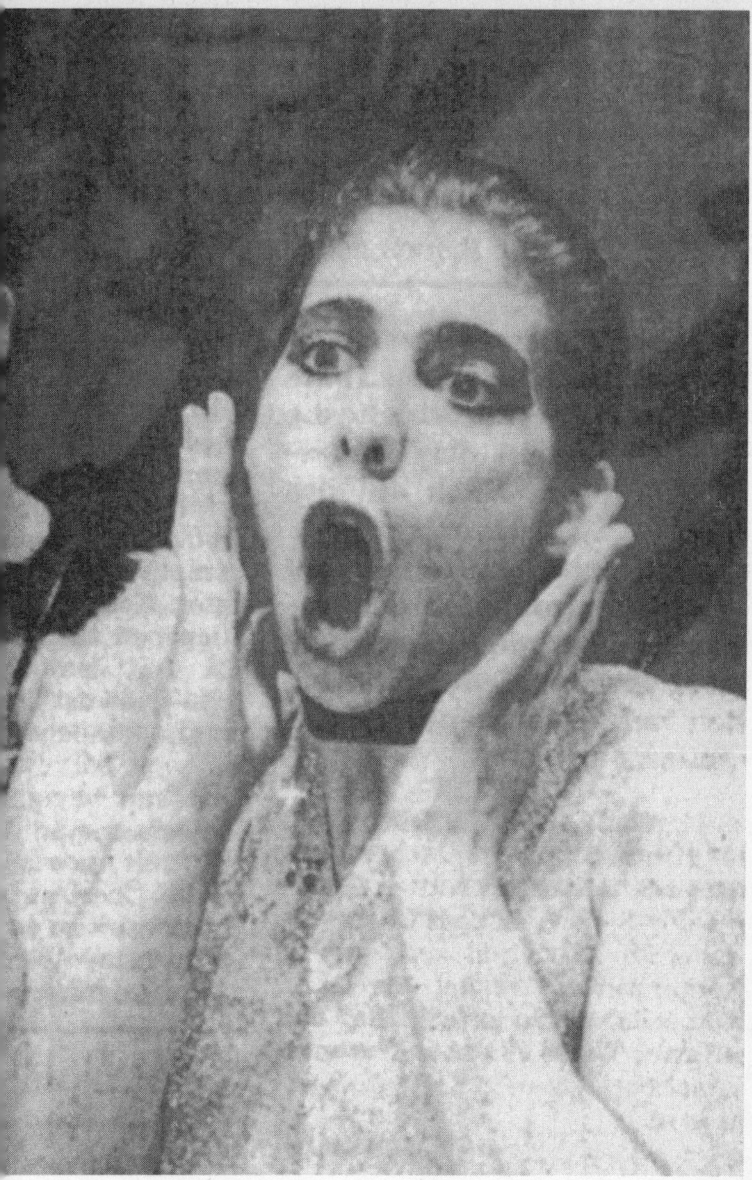

Foto: Chris Gossmann

Der folgende Text entstand für ein Sommer-Sonderheft des Magazins der ›Süddeutschen Zeitung‹. Vier Autoren wurden gebeten, je einen Text mit dem Titel »Die rot-blaue Luftmatratze« zu schreiben. Einzige Vorgabe war, daß eine solche Luftmatratze vorkommt und daß es sommerlich zugeht. Daß der Aufsatz im Magazin unter dem Titel »Die blau-rote Luftmatratze« erschien, hat dem Autor seelisch nur wenig zu schaffen gemacht.

Die rot-blaue Luftmatratze

Irgendwo im Lande gibt es eine Werbeagentur, die beschlossen hat, Wege zu gehen, die man nicht nachvollziehen kann. Die Firma, die das Parfum »Vendetta« herstellt, hat dieser Agentur einen Auftrag erteilt. Resultat ist der Werbespruch: »Wenn Liebe und Leidenschaft ins Unerträgliche wachsen.« Ist das denn werbewirksam? Die Liebe ist doch eigentlich nur dann schön, wenn sie erträglich ist. Unerträglich wird sie in Fällen, in denen sie nicht erwidert wird. Welche Frau möchte denn nach aus Liebeskummer durchweinten Nächten riechen? Die Firma Butter-Lindner scheint sich der Dienste der gleichen Agentur bedient zu haben. Seit einiger Zeit prangen in ihren Filialen an den Verkaufstheken Aufkleber folgenden Inhalts: »Nichts findet man schwerer wieder als verlorenes Vertrauen«, und auf den Milchkartons sieht man das Bild eines Saxophonspielers, unter dem steht: »Jeder von uns steht manchmal vor Problemen, die unlösbar erscheinen.« Möchte man denn gleich zum Frühstück daran erinnert werden? Richtig ist der Satz gewiß. Am eigenen Leib erfuhr ich es neulich: Ich öffnete die Haustür, und vor mir stand, wie von einer unbekannten Macht dorthin projiziert, ein äußerst ungepflegter Mann. Hätte er noch fünf Zentimeter näher bei mir gestanden, wäre das einem Kuß gleichgekommen. Sein fauliges Mundwerk grunzte: »Na, heute mal ohne Perücke?«

Ich wußte absolut nicht, was ich machen sollte. Ich trage nie Perücken. Mein Haar ist so füllig und seidig, daß ich, wenn der verdammte Rest nicht wäre, zum König des Laufstegs taugte. Nach Schicksalssekunden des Haderns ging ich finster blickend fort von dem Mann und vergaß ihn nicht den lieben Tag lang. Vielleicht hätte ich sagen sollen, was einst Herbert Wehner im Parlament einem Christdemokraten an den Kopf warf. »Sie sehen ungewaschen aus. Waschen Sie sich erst mal!« Problem: Die Menschen wissen heute nicht mehr, wie man sich wäscht. Bis vor fünf Jahren wußte ich es auch nicht, doch dann lernte ich Personen in der DDR kennen. Sie hausten in verfallenen Bauten aus der Kaiserzeit. Duschen und Wannen gab es darin keine. »Wie wascht ihr euch denn?« fragte ich. Man erklärte mir es, und ich werde dieses Wissen im weiteren Verlauf meiner Ausführungen ohne Scheu verbreiten, weil es wichtig ist.

Duschen oder gar baden sollte man ohnehin nur vor Arztbesuchen, wenn man bei einer neuen Liebschaft antritt, vor kirchlichen Feiertagen oder einer militärischen Musterung. Wer es öfter tut, frönt dem Laster der Verschwendung und riskiert Erkrankungen der Haut. Was viele Hautärzte noch immer nicht wissen bzw. zwar wissen, aber den Patienten nicht weitererzählen, ist dies: 50 Prozent, wenn nicht 70 bis 75 Prozent, wahrscheinlich sogar 90 Prozent, in einigen Regionen sogar 95 Prozent aller Hautkrankheiten haben ihre Ursache in der verweichlichten Unsitte des täglichen Badens oder Duschens. Es gibt zahlreiche Körperstellen, aus denen kaum jemals Sekrete quellen. Es gibt kein Ellenbogenschmalz, der Rücken gibt keine Exkremente von sich, und die Schweißabsonderung von Waden und Oberschenkeln ist normalerweise gering. Es ist daher absurd, diese Körperteile ständig einzuweichen und mit aromatisierten Schmierseifen zu behandeln. Was ist also zu tun? Hier mein Vorschlag:

Es ist sechs oder sieben in der Früh, je nachdem, ob man ein fleißiges Bienchen ist oder ein fauler Sack. Abrupt beendet der Radiowecker die Schlafenszeit mit penetranten Rock-Schlagern oder dösigem Gebratsche, je nachdem, ob man ein verblödeter Konsument oder ein vertrocknetes Bürgerlein ist. Vergnügt entsteigt man dem Schlafanzug, denn Umweltengel schlafen nicht nackt, weil man sonst die Bettwäsche zu häufig waschen muß. Im Badezimmer lacht einem die Badewanne frech entgegen. Man denkt aber: »Nein, nein, bis Weihnachten sind es noch fünf Monate, das Vaterland ruft nicht, und eine neue Liebe ist zwar laut Jürgen Marcus wie ein neues Leben, aber leider nicht in Sicht, und außerdem hab ich ja noch mein altes Leben, und das ist gut genug für einen wie mich. Daher werde ich nicht baden.«

Der Menschheit Erfahrungsschatz lehrt, daß es lediglich vier Körperstellen gibt, die einen Hang zu beschleunigtem Stinken haben. Hat man längere Zeit enge Schuhe getragen, erhöht sich die Anzahl auf sechs. Nur diese Stellen muß man regelmäßig reinigen, und damit auch Hinterwäldler wissen, was gemeint ist, möchte ich diese Stellen nun aufzählen: Achsel (links), Achsel (rechts), Fuß (links), Fuß (rechts) und dann noch zwei.

Apropos »noch zwei«. Ein Freund versuchte neulich, mich von den Vorteilen des Putenfleisches zu überzeugen. Er sagte: »Eine Pute hat sieben Sorten Fleisch. Helles, dunkles, saftiges, trockenes und noch drei.« Ist das nicht süß?

Mit meinen Ratschlägen zur sowohl öko- als auch dermatologisch sinnvollen Körperpflege möchte ich fortfahren, indem ich ein nützliches und preiswertes Requisit der drohenden Museumsreife entreiße. Waschlappen heißt das Gerät. Zuerst befeuchtet man die Achseln, schmiert etwas Seifenschaum rein, und dann kommt der Waschlappen. Desgleichen verfährt man mit den Körperstellen, denen ich vorhin mit »noch zwei« die Vorzüge diskreter Ummantelung verlieh. Erst vorne, dann hinten. Das Ganze dauert zwei Minuten, und man hat gerade zwei Liter Wasser verbraucht. Immer bedenke man: Nur das Wasser, das die Ahnen nicht verduschen, kann die durstigen Kehlen der Enkel befeuchten. Diese Waschmethode, die vom Duschwahn Befallene als »Katzenwäsche« diffamieren, hat noch andere Vorteile. Man stelle sich mal zwei arme Arbeitslose vor. Der eine duscht, der andere ist mit dem Waschlappen zugange. Da klingelt das Telephon. Karl Lagerfeld ist am Apparat. Nein, nicht der berühmte Modeschöpfer, den ich verehre, seit er in »Wetten, daß« einmal keine Miene verzog, als der neben ihm sitzende Otto Waalkes Grimassen schneidend seinem Gewerbe nachging, sondern sich von einem ebenfalls in der Runde sitzenden und um Volkstümlichkeit bemühten Politiker aufs beachtlichste unterschied, indem er wie versteinert dasaß und wartete, bis der Spaß vorbei war. Nein, ein anderer halt, der zufällig auch Karl Lagerfeld heißt. Purer Zufall, kann er ja nichts für. Dieser Mensch hat einen Posten im Aufsichtsrat einer Putenbrustfarm über. Wer kriegt den Job? Der Waschlappenmann! Er kann seine Toilette in Sekundenschnelle unterbrechen und zum Telephon jagen. Bis der andere unter seiner rauschenden Dusche das Klingeln gehört, den Hahn abgestellt hat, fluchend, tropfend und unter dem Risiko des Ausrutschens zum Telephon gekommen ist und eine Pfütze auf der Auslegeware erzeugt hat, sind die Puten längst über alle Berge.

Nun ist man korrekt gewaschen, und es stellt sich die Frage: Was zieht man an? Früher wurde diese Frage durch Standeszugehörigkeit und Konventionen eindeutig geregelt. In der heutigen, die freie Entfaltung des individuellen Willens bevorzugenden Zeit sind Moderegeln allenfalls noch innerhalb kleinerer sozialer Verbände und Subkulturen bindend. Die Menschen sind vollkommen ratlos. Es gibt aber noch Leitsätze. Einen, der gerade für die jetzige Sommerzeit von Bedeutung ist, äußerte einmal Coco Chanel. Ich meine jetzt wirklich die berühmte Modezarin und nicht jemanden, der zufällig auch so heißt und den ich verehre, weil er mürrisch dreinsah, als neben ihm ein Komiker amtierte. Coco Chanel sagte: »Das häßlichste an einer Frau sind ihre Kniekehlen.« Dem pflichte ich unbedingt bei, ergänze aber: »Bei Männern ist's nicht anders.«

Man muß daraus folgern: Miniröcke und Shorts sind reine Kinder- und Teenagerkleidung. Sicher: Wir respektieren die neuseeländische Kultur, die es sogar Bankdirektoren erlaubt, kurzbehost zur Arbeit zu gehen. Eine andere Kultur glaubhaft respektieren kann aber nur der, der auch seine eigene akzeptiert und respektiert.

Und unsere Kultur bedeutet: Lange Hose, Rocksaum Handbreit unterm Knie. Denjenigen, die dagegen verstoßen, sollte man freilich nicht mit Strafen drohen. Man sage ihnen lieber, daß sie seltene Ausnahmen von der Coco-Chanel-Regel darstellen, indem sie ungewöhnlich schöne Kniekehlen haben. Man muß dabei aber so gucken, daß die Angesprochenen haarscharf mitkriegen, daß man aus pädagogischer Durchtriebenheit lügt.

Nicht nur die Länge von Hosen, sondern auch ihre Farbe kann Gegenstand erzieherischer Ratschläge sein. Weiße Hosen zu tragen, wie es seit einigen Sommern insbesondere bei jungen Männern mit ausgeprägter Sprachmelodie üblich ist, ist eine ökologische Untat. Jeder einzelne kann meine Behauptung daheim mit einem kleinen Experiment beweisen. Man lade zwei Freunde zu sich ein. Egal, ob Kopte,

Siebentagsadventist oder sonst was Wildes. Wichtig ist, daß einer eine weiße Hose und der andere eine dunkle trägt. Man öffne eine Flasche roten Weines. »Hm, lecker Weinchen«, frohlocken die Geladenen. Dann sagt man aber: »Der ist nicht zum Trinken, den kippt ihr euch auf die Beine.« Es murren zwar die Freunde, doch sie tun wie geheißen. Man sei nun hellwacher Zeuge eines Unterschiedes: Der Weißbehoste entledigt sich zeternd seines Beinkleides, tut es in die Waschmaschine und kündigt an, leider hier übernachten zu müssen. Im Wandschrank sei doch noch diese rot-blaue Luftmatratze, die reiche ihm als Notlager. Der andere ist fröhlich und ruft: »Bei mir sieht man den Fleck gar nicht. Die Hose kann ich locker bis zum Herbst weitertragen. Und übernachten muß ich hier auch nicht. Tschüs, ihr beiden!« Da steht man nun also da mit dem Barbeinigen. Hoffentlich ist er nicht Siebentagsadventist. Mit denen läuft außer Halma spielen bestimmt nichts. Apropos sieben Tage: Ein Freund erzählte mir neulich von Puten. Er sagte: »Eine Pute hat sieben Sorten Fleisch. Saftiges, trockenes, helles, dunkles und noch drei.« Ist das nicht goldig?

Es ist also sinnvoll, in langen, dunklen Gewändern durch den Sommer zu stiefeln. Doch im Ernst: Was der Umwelt dienlich ist, sind nur in zweiter Linie Waschmittel, auf deren Verpackungen Störche, Frösche oder andere Sympathietiere abgebildet sind. Wichtiger wäre es, den Menschen ihre krankhafte Etepetete-Hygiene abzuerziehen. Wer kennt nicht die grausamen Eltern, die ihrem Kind verbieten, Sachen in die Hand zu nehmen, mit dem Argument: »Wer weiß, wer das schon alles angefaßt hat!« Man denke auch an die Millionen Tonnen von Reinigungsmitteln, die Damen verschwenden, denen von »Hausfrauenverbänden«, welche in Wirklichkeit verkappte Lobbys der chemischen Industrie sind, eingeredet wurde, ihr Dasein sei ein vollwertiger Beruf, und die infolgedessen alle fünf Minuten die Fenster putzen, Kacheln polieren und mit schaumversprühenden Dampfwalzen auf ihren Teppichen herumfahren. Die Öko-Spots im Fernsehen brauchten durchaus nicht zu zeigen, daß man keine Kühltruhen in den Wald wirft. Das ist so, als ob man Spots darüber zeigt, daß es sich nicht gehört, Leute zu erschießen. Was die Öko-Spots vermitteln sollten, ist, daß jeder, der z.B. täglich seine Unterwäsche wechselt, ein Ferkel ist, das sich schämen sollte. Es mag einige unten undichte und stark sekretierende oder körperlich schwer arbeitende Außenseiter geben, bei denen sich ein Leibwäschewechsel nach zwei Tagen empfiehlt. Beim normalen Menschen ist er erst nach vier Tagen geboten. Eher riecht es nicht durch die Oberbekleidung durch. Fazit: Kleiderwechsel erst kurz vor der Stinkschwelle! Und es dauert sehr lange, bis eine Jeans stinkt! Bei einem verschwitzt riechenden Oberhemd reicht es oft aus, es zwei Tage zu lüften, um den Geruch loszuwerden. Solche Selbstverständlichkeiten sind heute in so große Vergessenheit geraten, daß es Epikureer geben mag, die es komisch finden, wenn man an sie erinnert. Doch es ist notwendig. TV-Prominenz sollte hier vorreiten. Musical- und Serienhelden halten es dagegen für mutiges, politisches Engagement, in Interviews

Lebensanfängerauffassungen nachzusprechen, wie z. B. daß die Biedermänner die Brandstifter und in Bonn zu finden seien. Das haben sie wohl aus der Zeitschrift ›Bravo-Girl‹. Da stand das auch mal drin. Ich fände es mutiger und weiß Gott auch politischer, wenn sie sich in schmutzigen Hosen in eine Talkshow setzten und begründeten, warum sie das tun: Es wäre ein heilsamer Schock für die desinfektionssüchtige Gesellschaft. Einer Hausfrauenzeitschrift war es jüngst ja auch eine Schlagzeile wert, daß die Lindenstraßen-Schauspielerin Marie-Luise Marjan ihre Bettwäsche nur fünfmal im Jahr wechselt.

Nun habe ich Stellung bezogen zu Fragen der sommerlichen Körperpflege und Kleidung. Menschen, die nicht starrköpfig sind, sondern sich zu ihrer Hilfebedürftigkeit bekennen, werden es mir danken. Ansonsten darf man, wenn es heiß ist, seinen Teller nicht mit sämigen Soßen beladen, sondern nur mit superleichten Dips und Dressings. Immer schön dippen! Sonst kippt man um. Und tüchtig trinken muß man. Auch hier gibt es eine Regel: Alkohol erst, wenn es dunkel ist. Dies ist aber so eine Nun-ja-Regel. Selbst Menschen, die gewohnt sind, an die Grenzen des Machbaren, des Menschenmöglichen zu stoßen, werden mit mir einig sein, daß es im Hochsommer unmöglich ist, sich an diese Regel zu halten. Man sieht zur Zeit viele Häuser und Wohnungen mit heruntergelassenen Jalousien. Viele denken, ach, die Leute sind halt in Urlaub. Dies ist eine Irrinterpretation. In Wirklichkeit befinden sich in diesen verdunkelten Häusern Menschen, die nicht wissen, daß die genannte, den Alkoholkonsum zeitlich eingrenzende Regel eine reine Winterregel ist. Man darf im Sommer sowieso nicht alles so bierernst nehmen. Man muß sich zurücklehnen und »die Seele baumeln lassen«, wie seinerzeit unser verehrter Tucho, oder wie John Lennon. Wie schön wäre es, wenn die beiden gemeinsam ihre Seelen hätten baumeln lassen können! Wenn die noch immer beißend aktuellen Texte unseres Tucho auf die herrlichen Melodien der Beatles geprallt wären! Es wäre mindestens etwas so Grandioses wie die Kinks oder die Erste Allgemeine Verunsicherung dabei herausgekommen. Doch das sind weltfremde Phantasien eines hitzekollapsgefährdeten Luftikus. Tucholsky und Lennon war es nicht vergönnt, zur gleichen Zeit zu leben. Jeder von uns sollte nun seinen Partner in den Arm nehmen und ihm sagen: »Duhu, ich glaube, es ist ein ganz persönliches Geschenk der Schöpfung an uns beide, daß wir zur gleichen Zeit leben. Laß uns kreativ mit diesem Geschenk umgehen. Laß uns den Waschlappen nehmen.«

Man sollte dem Himmel viel öfter danken, daß man gleichzeitig mit anderen Menschen leben darf und daß nicht jeder allein in seiner eigenen Zeit existiert. Nur deshalb kann man Freunde haben. Apropos Freund: Ein Freund sagte zu mir neulich: »Eine Pute hat sieben Sorten Fleisch. Saftiges, trockenes, helles und dunkles und noch drei.« Ist das nicht niedlich?

Sommerzeit ist auch Reisezeit. Der gute alte Brahmwald lockt. Zum Beinevertreten ist er wie maßgeschneidert. Ähnliches ließe sich ohne Not über das unverwüstliche Fichtelgebirge behaupten. Auch Braunlage, das pulsierende Herz des Harzes, lockt mit Fürst-Pückler-Eis und gut beschildertem Wegenetz. Hat man größere Geldmengen zusammengerafft, sollte man sein Reisesparschwein mit Rücksicht auf den Kreislauf statt in Richtung Süden lieber gen Norden grunzen lassen, wie weiland unser Tucho. Und auf keinen Fall die Jalousien runterlassen! Erstens wünscht das die Kripo nicht, und zweitens denken sonst alle: »Die sind gar nicht verreist. Die sitzen da drinnen und saufen.«

Wie gerne würde ich die lieben Leser mit heiteren Schlußbemerkungen in Urlaubstage voll unbeschwerter Beschwingtheit entlassen. Doch ich muß ernste Wörtchen auftischen. Zum Weihnachtsfest meint so mancher seinen lieben Anverwandten eine Freude zu machen, indem er ein Tier verschenkt. Sicher: Anfangs ist die Freude groß über die niedlichen Geschöpfe. Aber die Tiere wachsen heran, ihr Fell wird stumpf und talgig, und aus den Mäulern hängen ihnen wenig gesellschaftsfähige Schleimfäden. Plötzlich ist der Hund lästig, der Hamster gar nicht mehr goldig, denn er beißt und nervt von spät bis früh, und auch die Pute ist gar nicht mehr so putzig, sondern starrt einen bei der morgendlichen Reinigung der Analfalte hinterhältig an. Tja, und dann kommt die Urlaubszeit. Was tun Tausende von miesen Bürgern? Sie tun die Tiere in die Parkanlage, pfeffern sie in die Kiesgrube.

Traurig stehen Hund und Hamster und Pute im Park und kuscheln sich aneinander. Über ihren Köpfen hat sich eine Denkblase eingefunden, in welcher steht: »Wenn Liebe und Leidenschaft ins Unerträgliche wachsen.« Tiertypisches Gedankengut ist das nicht, aber der Text erhält auf diese Weise einen zyklischen Aufbau, und auf zyklische Aufbauten, das pfeifen die Spatzen von den Dächern, fahren die Leser total ab.

Österreich und die Schweiz

Viele Fehler sind uns Deutschen bisher bei der Zurkenntnisnahme Österreichs und der Schweiz unterlaufen. Deutsche Abhandlungen über Österreich und die Schweiz sind in aller Welt mit Unbehagen gelesen worden. Einer der Kardinalfehler war es gewesen, so zu tun, als ob es sich bei Österreich und der Schweiz um voneinander total verschiedene Länder handele und daß es daher Sinn ergebe, sich mit ihnen in getrennten Aufsätzen und Reportagen zu befassen. Richtig ist dagegen, daß es höchste Eisenbahn ist, diesem traditionellen Unfug ein Ende zu bereiten und sich mit Österreich und der Schweiz künftig in einem Aufwasch zu beschäftigen. Unser Bundespräsident würde meine Forderung gewiß tatkräftig unterstützen, wenn er nicht schon mit dem Unterstützen anderer Leute Forderungen überlastet wäre. Wir Forderer von Maßnahmen zur Reform der Rezeption Österreichs und der Schweiz sind ja leider nur ein verhältnismäßig verlorenes Grüppchen – wir haben keine Lobby, kein telegenes Sprachrohr, noch nicht mal einen Chef mit Wirkung auf Frauen. Auf der Schwelle des Bundespräsidenten stehen dicht gedrängt Minoritäten, Religionsführer, psychisch Kranke und Kinder mit verseuchten Sandkästen. Alle wollen was. Da kann ich schon verstehen, daß der Bundespräsident bis zum heutigen Tag keine öffentlichen Worte zuliebe unseres Anliegens fand.

Man kann Österreich und die Schweiz nicht auseinanderbrechen wie einen Löffelbiskuit beim Five o'clock tea der Prinzessin von Kent. Österreich und die Schweiz sind unzertrennlich wie Magdeburger Halbkugeln. Würde man ein Gespann von acht Rössern am östlichen Ende von Österreich und ein entsprechendes Gespann am Westzipfel der Schweiz ziehen lassen – die Pferde brächten Österreich und die Schweiz nicht auseinander. Im Geiste höre ich die Gegner meines Reformvorhabens schon geifern. »Wie sollen denn sechzehn mickerige Schindmähren zwei mit zum Teil zentnerschweren Bergen und wohlgenährten Bürgern vollgestopfte Länder auseinanderreißen?« Die Argumente dieser Leute kann ich nicht mehr hören. Ich habe doch gar nicht behauptet, daß es in der Macht von zweimal acht Rössern stehe, dies zu vollbringen. Ich habe im Gegenteil angeführt, daß es *nicht* in ihrer Macht steht! ***Nicht!*** Wie kursiv soll man ein Wort denn noch setzen, damit es diesen Leuten ins Auge springt? Otto von Guerickes Achtergespanne haben ja nicht mal zwei lächerliche Halbkugeln mit *nichts* darin auseinanderbekommen. Da liegt es doch wohl auf der Hand, daß sie mit dicken Leuten und entsprechenden Gebirgen angefüllte Kugelhälften erst recht nicht hätten trennen können. Genau weiß ich's natürlich nicht. Ich bin kein Physiker, sondern fordere Aufsätze, in denen Österreich und die Schweiz als Nudeln in derselben Brühe erkannt werden.

Zunächst etwas zur Form der beiden Staaten. Die Schweiz hat eine ganz unordentliche, verquaste Form mit lauter wirren Zacken. Man kann überhaupt nichts erkennen. Es gibt also keine allgemein bekannten Vergleiche wie im Falle Italiens, von dem man sagt, es gleiche einer billigen Dreierpack-Herrensocke, oder Portugals, über welches es heißt, es sehe aus wie ein von einem Betrunkenen auf einen Bierdeckel gezeichnetes Rechteck. Die Schweizer selbst lernen in der Schule, ihr Land ähnele einem Schwein, das im Schmutz nach Kartoffelschalen sucht. Sie glauben das aber selber nicht. Österreich sieht auch nach nichts Besonderem aus. Dort lernen die Abc-Schützen, daß ihr Land eines der breitesten Länder der Erde ist und daß man daher z. B. von Graz nach Bregenz ewig und drei Tage unterwegs ist. Das kann ich bestätigen, denn ich bin diese Strecke einmal gefahren. Als ich eingestiegen war, sagte der Schaffner: »Ihren Fahrschein bitte, und wenn ich mir die Bemerkung erlauben darf, werter Reisender, Sie haben eine Gesichtshaut wie ein Pfirsich.« Kurz vor der Ankunft sagte der Schaffner jedoch: »Ihren Fahrschein möchte ich nicht noch einmal sehen. Der wird sich nicht groß verändert haben. Aber Sie haben sich verändert. Ich bewundere Ihren bis zum Bauchnabel reichenden Bart.« So breit ist Österreich! Im Breitsein liegen aber auch Risiken. Die Tschechoslowakei war ja beinahe noch breiter als Österreich, und sie ist auseinandergebrochen wie ein Löffelbiskuit beim Five o'clock tea der Prinzessin von Kent. Es war allerdings kein besonders dramatisches Auseinanderbrechen, es war mehr ein softes Voneinanderwegdriften, wie wir es von Cindy und Bert kennen, die ja auch nach ihrer Trennung noch ganz gut miteinander klarkommen sollen. Und als die Prinzessin von Kent in der Neujahrsnacht 92/93 die tschechisch-slowakischen Spaltungsfeierlichkeiten am Bildschirm verfolgte, soll sie zu ihrem Mann gesagt haben: »Michael, hättest du je gedacht, daß das Geräusch des Zerbrechens meiner Löffelbiskuits je Vorbild sein würde für eine postkommunistische Umwälzung?«

Von der Form her sind Österreich und die Schweiz ein bißchen verschieden, aber sonst ist alles ganz ähnlich. Sobald der Intercity-Zug die Grenze zu einem dieser beiden Länder passiert, bekommt er chronische Durchfahrstörungen und beginnt in »Cities« namens Wörgl oder Ziegelbrücke zu halten. Lägen Österreich und die Schweiz in Berlin, würden die Intercities auch am U-Bahnhof Wutzkyallee halten. Auch die Menschen in Österreich und der Schweiz sind fast gleich. Weil sie das selber allzugut wissen, tun sie so, als ob sie einander hassen. Sie hassen einander aber so, wie Kölner und Düsseldorfer einander hassen, d.h. in Wirklichkeit überhaupt nicht und theoretisch nur ein klitzekleines bißchen. Auch uns Deutsche hassen beide Völker überhaupt nicht. Sie haben uns recht lieb und profitieren gutgelaunt von den vielen technischen und kulturellen Errungenschaften, die in Deutschland in dermaßen großer Menge anfallen, daß wir Österreichern und Schweizern gern ein bißchen was davon abgeben. Wer viel hat, kann auch viel geben.

Aus einem der beiden Länder stammt Hitler, welcher Unheil noch und nöcher im Reisegepäck mit sich führte. Er war, unter uns gesagt, ein übler Patron, würde ich antworten, wenn mich einer fragte, was dieser, unter uns gesagt, für einer gewesen sei. Man sollte das den Bewohnern dieser beiden Länder aber nicht nachtragen, denn aus einem dieser beiden Länder stammt ja andererseits auch wieder Gottfried Keller, der mit seinen interessanten Schriften das Unheil des anderen zu einem guten, wenn auch kaum meßbaren Teil wiedergutmachte, und das sogar schon, was bemerkenswert ist, im voraus! Daß so unterschiedliche Gestalten wie Mahatma Gandhi, Leo Tolstoi und Miriam Makeba weder aus Österreich noch aus der Schweiz kommen, ist ein weiteres Indiz dafür, daß diese beiden Länder einander sehr ähneln und daß es daher die Krönung jeder guten Tagesordnung ist, all denjenigen, die weiterhin wie trotzige Kinder auf einer getrennten Behandlung Österreichs und der Schweiz beharren, eine Abfuhr zu erteilen. Ich würde mich freuen, mit meinen Zeilen den längst fälligen Anstoß dazu geliefert zu haben.

Im Schwarzwald werden die Kerzen von Metallfedern nach oben gedrückt

Weil in Berlin die Luft und manche Menschen schlecht sind, verlustierte ich mich jüngst für ein Weekend in der Anmut des Schwarzwaldes. Über den Schwarzwald ist nicht viel bekannt. Man kennt eine Torte, um die uns Asien beneidet, man kennt den Bollenhutterror und weiß, daß es, wenn es bergauf geht, auch einmal wieder bergab gehen wird. Sonst weiß man kaum etwas über den Schwarzwald. Es ist aber recht reizvoll da unten, wo der Südwesten noch Südwesten ist und auch nicht vorgibt, etwas anderes als Südwesten zu sein. Wenn man im Nordosten wohnt, ist es vor einer Schwarzwaldreise unabdinglich, sich rechtzeitig nach Methoden zu erkundigen, nach denen man in den Südwesten gelangt. Zuerst muß man irgendwie nach Karlsruhe kommen. Per Daumen, per Töfftöff, mit einem Leukoplastbomber, einer Draisine oder einer Montgolfiere – der Phantasie sind keine Grenzen gesetzt. In Karlsruhe muß man in einen Zug nach Freiburg klettern und im Speisewagen das Mövenpick-»Eis des Jahres«, *Crème Traube*, essen. Der Smutje in der schmierigen Kombüse macht einem auch einen Klacks industrieller Waldbeerensauce neben das Eis.

Total nett von dem schmierigen Smutje. In Freiburg muß man umsteigen. Man hat ausreichend Zeit, sich am Kiosk die Zeitschrift »Monsterbrüste« zu kaufen. Alternativ dazu kann man mir nacheifern, indem man von dieser Anschaffung Abstand nimmt.

Bevor der Zug kommt, möchte ich mit ein paar nüchternen Informationen über die Stadt Freiburg dienen. Vielleicht kommt der eine oder andere Leser da mal hin, und dann weiß er schon, wie es da zugeht. Freiburg liegt direkt im Wald, so wie das Hexenhaus, wo Hänsel und Gretel gelandet sind, nachdem sie von ihren hartherzigen Eltern ausgesetzt wurden. Wenn man am Freiburger Marktplatz einen Stein wirft, ist es nicht völlig unwahrscheinlich, daß dieser Stein an den Schädel einer Nachtigall prallt. Ich will mit dieser Bekanntmachung aber keinen schalen Studenten-Jokus provozieren! Freiburg ist voller Studenten. Sie sind dort von ihren hartherzigen Eltern ausgesetzt worden. Wenn sich die Dämmerung über Freiburg niederläßt, dann kommen sie aus ihren unaufgeräumten Buden, laufen durch die total schnuckeligen Hutzelgäßchen voll süßer Omacafés und singen Lieder in reinstem Lateinisch. Dann fallen sie über die Wirtshäuser her und essen Sardinen. »200 Kisten Sardinen! Sie glauben gar nicht, was die Herren Studenten für einen Appetit haben!« hört man so manche Serviertochter nach getaner Arbeit sagen, während sie sich die Beine mit Kneipp-Arnika-Salbe einreibt und der Großvater auf der Holzbank an der Meerschaumpfeife saugt und in seinen Sudermannbart sagt: »Es war schon immer so, die Studenten haben Appetit.«

Nach dem Essen sind die Studenten in männlicher Laune und können sich auf dem Wege zu ihren Mädels kaum beherrschen. Die wohnen in Turmstübchen, und am offenen Fenster bürsten sie sich ihr Haar oder festigen ihren Dutt mit Duttspray. Ab und zu gehen sie mit einem Kamm durch die Borsten der Bürste und fördern unappetitliche Haarknäuel zutage, die sie in den Rinnstein werfen. Man sagt, die holde Bürsterei geschehe nur den Japanern zuliebe, aber sie tun's für die Boys von der Uni, denn die haben Chancen auf dem Arbeitsmarkt und eine Bauchmuskulatur wie ein Waschbrett. Doch Obacht, Boys. Nicht zu direkt baggern, Boys. Man muß die Seele eines Weibes mit einem Jasminzweig vergleichen. Wenn man darauf rumtrampelt, sieht der Jasminzweig alt aus. Man muß sich dem Jasmin wie ein Schattenboxer nähern, sonst schottet er sich hermetisch ab wie Nordkorea. »Die Seele meines Augensterns ist kalt wie Nordkorea«, klagte schon mehr als ein Student seinem Doktorvater. »Weil du die Seele des Weibes nicht kennst!« war die Antwort des Erfahrenen. »Sei behutsam! Am ersten Tag darfst du ihre Hutnadel küssen. Am zweiten Tag ihre Duttnadel. Am dritten und vierten Tag wird am besten gar nichts geküßt, sonst bildet sie sich sonstwas ein und fordert Geschmeide. Am fünften Tag darfst du die Warze auf ihrem linken Ringfinger küssen, am sechsten die Warze auf ihrem rechten Ringfinger. Am siebten Tage endlich wird gebumst, bis die Matratze glüht.«

Nach Beischlaf, Schlaf und Bye-bye wird abermals studiert. Knarrend öffnen sich die eichenen Türen der Universität. Die Studenten gehen hinein und beugen sich teils über Retorten grünen, blubbernden Inhalts, teils über Schwarten philosophischen Anstrichs. Danach wieder das Gesinge und die Sardinen, das hat sich seit Jahrhunderten nicht verändert. Wandel gab's indes im Schwarzwald. Man hat dort jetzt neumodische Kerzen. Im Halbdunkel romantischer Schankstuben sehen sie ganz normal aus, aber die eigentliche Kerze wird von einem Metallmantel umgeben, und damit die Flamme immer schön aus dem Metallrahmen rauslugt, wird die Kerze von einer Feder nach oben gedrückt. Ich fragte eine Wirtin, was das denn für ein eigenartiger Spaß sei. Sie antwortete, daß man in der Schwarzwaldgastronomie herkömmliche Kerzen nicht mehr verwende, weil die Gäste, wenn ihnen der Gesprächsstoff ausgehe, sich »an ihnen vergehen« würden, indem sie mit den Fingernägeln dran rumpulen. Nach einer Woche könne man eine solche Kerze nur noch fortwerfen. Meine Begleitung und ich haben diese Begründung akzeptiert. Als ich wenig später die Sache mit den Kerzen in mein Notizheft schrieb, fragte mich ein Einheimischer, ob ich eine Dorfchronik schreibe. »Ja, genau«, erwiderte ich, »ich schreibe eine Dorfchronik.«

Anmerkung: Den Satz »200 Kisten Sardinen – Sie glauben gar nicht, was die Herren Studenten für einen Appetit haben!« entnahm ich dem deutschen Spielfilm *Alt-Heidelberg*.

Renates Mann übt eine Rede

»Renate, darf ich dir mal probehalber die Rede vortragen, die ich mir für dieses Expressionismustäterätä am nächsten Sonntag zurechtgelegt habe?«

»Mach einfach.«

»Liebe Dortmunder, liebe Gäste, wobei mir natürlich einfällt, daß dem Gast normalerweise die Ehre gebührt, vorangestellt zu werden, also: Liebe Nicht-Dortmunder, eigentlich weiß ich gar nicht, ob welche da sind, liebe Dortmunder! Wohl kaum eine andere Stadt hat vom Expressionismus in dem Maße profitiert wie Dortmund. Hätte die Wiege von Frauen wie Reinhild Krebs – hier mach ich's auf Anhieb richtig mit dem »ladies first« – oder Männern wie Tillmann Knapp oder Michael Schanze, nicht *des* Michael Schanze, sondern unseres, expressionistischen Michael Schanze, nicht im Schatten der Reinoldi-Kirche gestanden, dann stünde Dortmund jetzt mit leeren Händen da. Kulturell leeren Händen. Doch Dortmunds Hände sind Gott sei Dank voll. Voll sind aber leider nicht nur die Hände – und jetzt kommt ein rhetorischer Knuff in Richtung der Hotelketten, sich mal nach Baustellen in Dortmund umzudrehen bzw. umzusehen –, und ich meine natürlich nicht Baustellen, sondern Bauplätze –, auch die Hotels sind voll! Oft drängen sich vier bis fünf Kunstfreunde, bei Sonderveranstaltungen sogar sechs bis sieben Kunstfreunde, statistisch in jedem freien Hotelbett. Die Dortmunder Rezeptionisten und Zimmermädchen könnten davon ein Lied singen, ein Lied allerdings, mit dem sich schwerlich in Richtung Hitparade schielen ließe, denn es ist ein garstig Lied. Es gibt schönere Lieder in Dortmund, denn Reinhild Krebs hat nicht nur diese herrlich schiefen grünen Häuser gemalt, sondern diese ihr eigene Sichtweise auch in Töne umgesetzt, wie wir Gott sei Dank nicht erst seit der Kammermusikfeminade im Kuppelsaal des Museums in der Hansastraße wissen, sondern schon erfahren haben, als Reinhild Krebs im letzten Jahr aus New York, wo sie die letzten Jahre leider hochbetagt gearbeitet hat, in ihre alte Heimat kam, um sich während einer kleinen Feierstunde ins Goldene Buch der Stadt einzutragen, und dem Herrn Bürgermeister wütend ihre neue CD in die Sakkotasche steckte – wütend, weil sie der Sprüh-Spruch »Läuft schon wieder alles schief in Dortmund?«, den gewerkschaftliche Eiferer an die Rathausfassade gesprüht hatten und den die städtischen Reinigungstrupps streikhalber nicht rechtzeitig entfernen konnten, irrtümlicherweise an den Beinamen »Die schiefe Reinhild« erinnerte, den ihr die Nazi-Banausen wegen ihrer aus unserer heutigen, aufgeklärten Sicht natürlich *wunderbar schiefen* grünen Häuser an den Rocksaum geheftet hatten. Wir haben dieses Mißverständnis dann bei einer guten Bratwurst, die ihr so gut schmeckte, daß sie sagte »Das gibt es in Amerika nicht«, aus dem Wege räumen können. Ihr hat auch der Kartoffelsalat geschmeckt, und ich möchte mich nebenbei auf diesem vielleicht ungewöhnlichen Weg bei den Frauen bedanken, die diesen Kartoffelsalat gemacht haben und die Bratwurst gebraten haben. Reinhild Krebs hat auch das Bier geschmeckt, und ich glaube, ich habe ein Glücksgefühl flimmern sehen in den Augen einer Frau, die in einem Alter ist, in dem Frauen vielleicht – das ist jetzt die Interpretation eines 46jährigen Kunstamtsleiters, der sich irren kann – auf herkömmliche Weise glücklich gemacht zu werden nicht mehr gewohnt sind. Wie wir erst vor wenigen Tagen erfuhren, ist Reinhild Krebs allerdings inzwischen den Beschwernissen der angestauten Lebensjahre erlegen, so daß sie mein dickes Lob gar nicht mehr hören könnte, ähnlich wie Michael Schanze, vor dessen Grabstein auf dem Ostfriedhof ich immer wieder stehenbleibe und denke: Was würde dieser Mund reden, was würde dieser Kopf zu Papier bringen, wenn ein persönliches, trauriges Schicksal ihn nicht schon 1960 für alle kommenden Generationen verriegelt hätte. Ich sehe hier ein allgemeines Lächeln durch den Saal huschen. Sie denken natürlich alle an den Pfiffikus und Sonnyboy aus der Showbranche, von dem wir hoffen wollen, daß in seinem Falle die in Richtung Sarg weisende Gemütsverdüsterung unseres expressionistischen Michael Schanze noch recht lange auf sich warten läßt. Uns reicht ein Grabstein in Dortmund, womit ich natürlich nicht meine, daß die Menschen unserer Stadt sich nicht geehrt fühlen würden, wenn Michael Schanze sich auf unserem Stadtgebiet beigesetzt zu werden entschlösse. Wir haben jederzeit ein paar Quadratmeter Boden oder einen Platz in der Urnenkammer frei für die Überreste eines Mannes, der immer nur versucht hat, den Menschen das Leben zu erleichtern, ganz anders als sein expressionistischer Dortmunder Namensvetter. Ich danke Ihnen für Ihre Aufmerksamkeit, und, das riechen Sie ja schon, einige Dortmunder Hausfrauen haben es sich nicht nehmen lassen, auch heute für Bratwurst und Kartoffelsalat zu sorgen. Ich glaube, daß wir alle stolz sein dürfen, in einer Stadt zu leben, in der leibliches Wohl und das lebendige Sicherinnerndürfen an eine stets quirlige expressionistische Vergangenheit einander nicht automatisch krampfhaft ausklammern.

Wie war das, Renate?«

»Ich finde, das mit dem ›auf herkömmliche Weise glücklich gemacht werden‹ solltest du weglassen.«

»Echt?«

Drei Knusperdosen, drei Schicksale

Meine Lieblingslektüre sind Lebensmittelverpackungen. Andere mögen es für richtig halten, sich die Zeit an der Bushaltestelle mit Reiterromanen und Schilderungen brenzliger Situationen zu vertreiben. Ich jedoch habe immer einige Nudeltüten und Frühstückszerealien dabei, um sie in öffentlichen Verkehrsmitteln zu studieren. Auch nachts pflege ich Konservenbüchsen o. ä. mit ins Bett zu nehmen, damit ich vor dem Einschlafen noch etwas schmökern kann. Was stehen da für schöne Dinge drauf! »Füllhöhe technisch bedingt.« Genau wie bei mir. »Abtropfgewicht 225 g.« Wie hoch wohl mein Abtropfgewicht ist? Ich hoffe aber, der liebe Gott verfällt nicht so bald auf die Laune, mich abtropfen zu wollen, denn ich möchte ja noch viele Nahrungsmittelschachteln lesen. Wie reizvoll ist allein schon die Vielfalt der Hinweise auf die Stelle, wo das Haltbarkeitsdatum steht:

Haltbar bis siehe Seitenlasche
Mindestens haltbar bis Ende: siehe Monats- und Jahresangabe Etikettunterrand
Haltbar bis Ende: Tubenfalz
Haltbar bis zum 15: 1 2 3 4 5 6 7 8 9 10 11 12 94 95

96 97 (eine der ersten zwölf und eine der letzten vier Zahlen sind mit einer Kerbung versehen)
und der unvergängliche Klassiker
Haltbar bis siehe Beutelschweißnaht

Beutelschweißnaht! Mit einem solchen Wort als Aperitif schmecken die Aromastoffe doppelt naturidentisch. Oft ist auch die Nummer eines Verbrauchertelephons angegeben, bei dem man sich »wertvolle Anregungen« holen kann: »Ihr Riesenappetit-Schwabentopf schmeckt irgendwie gar nicht anregend. Was kann ich tun?« – »Geben Sie doch vor dem Anrichten einen halben Liter Sherry hinzu.«

Gelegentlich wird auf Verpackungen Ernährungszubehör angepriesen, z. B. eine praktische Knusperdose für Knäckebrot. Wer würde nicht gerne wissen, was das für Menschen sind, die eine solche Knäckebrotbox tatsächlich bestellen? Ich will einer wissenschaftlichen Untersuchung vorgreifen und drei Verbraucher zu Wort kommen lassen.

Gisela, 26:

»Ich bin 1 Meter 93 groß, und in der Stadt, wo ich wohne, bekomme ich keine Kleidung in meiner Größe. Ich bin vollkommen auf Spezialversandhäuser für Sondergrößen angewiesen, insofern ist es für mich nichts Ungewöhnliches, mir Waren zu bestellen. Als die Knäckebox kam, war ich natürlich nicht zu Hause, und ich mußte dann am Abend mit einem orangen Zettel in der Hand zu einem weit außerhalb gelegenen Postamt fahren und 40 Minuten anstehen. Da ich nur selten Knäckebrot esse, benutze ich die Box für meine Disketten.«

Paul, 54:

»Vorvoriges Jahr ist meine Frau gestorben, und seither fühle ich mich sehr unausgefüllt. Abends sitze ich meist grübelnd vor dem Fernseher, und es kommt schon vor, daß ich mir so Sachen bestelle, wo man die Nummer neben seiner Landesfahne anrufen muß. CD-Boxen mit 100 Oldies oder diese sinnlosen TIME-LIFE-Bücher. Ich telephoniere auch oft mit der netten Dame vom Knorr-Verbraucherzentrum. Barbara heißt sie, das hab ich inzwischen rausgekriegt. Mittlerweile freut die sich, glaube ich, sogar ein bißchen, wenn ich mich mal wieder melde. Ich esse ja viel Beutelsuppen, für mich allein lohnt es sich nicht, etwas Richtiges zu kochen. Einmal sagte mir Barbara, beruflich freue sie sich natürlich, daß ich so oft Knorr-Suppe esse, aber privat würde sie mir dringend raten, ab und zu auch mal was anderes zu mir zu nehmen. Was denn, fragte ich, von Obst krieg ich Aufstoßen, und das Brot, das die Bäcker bei uns in Berlin backen, kann man wirklich nicht essen. Da hat sie mir den Tip mit dem Knäckebrot gegeben, und auf der Packung stand das mit der Frischebox. Ich bin natürlich nie zu Hause, wenn die Post kommt, und ich muß regelmäßig zu einem Postamt in einem Industriegebiet fahren, um die Sachen abzuholen. Insgeheim hoffe ich immer, daß ich in der Warteschlange mal mit einer netten Frau ins Gespräch komme, aber die Leute sind alle nur mit sich selbst beschäftigt.«

Lars, 39 und Sylvie, 34:

»Das mit unserer Knäckebrotbox war unglaublich schwierig. Wir kamen gerade aus Indonesien, da lag im Briefkasten so ein orangener Benachrichtigungswisch von der Post. Das betreffende Amt liegt ca. 30 km von unserer Wohnung entfernt, und obwohl wir wirklich Jetlag waren, sind wir da hingedüst. Die Sendung war aber am Tag zuvor an den Absender zurückgegangen. Die Box ist uns noch mal zugestellt worden, aber der Postbote hat sie bei einer über 90jährigen Dame im Parterre abgegeben, die kaum noch kriechen konnte. Wenig später ist sie wohl gestorben. Eines Tages stand unsere Hausbesorgerin vor der Tür mit einem Päckchen in der Hand und sagte säuerlich: ›Das hier hat zwei Wochen neben der Leiche von Frau Bawitzki gelegen.‹ Wir haben diese Frischebox dann nie benutzt.«

Drei Knusperdosen, drei Schicksale.

Das innere Singen des Dampfes

Sehr geehrte Damen und Herren, und liebe Kinder, welche auch da sind! Die Deutsche Bundespost hat ein Sonderpostwertzeichen zum erstmals hier in Berlin stattfindenden Weltdampfkongreß herausgegeben. Diese Marke können Sie sich übrigens auf einem kleinen Sonderpostamt – wenn Sie die rechte Treppe heruntergehen, kurz vor den Toiletten – mit einem Sonderstempel versehen lassen. Meine Frau sagte mir, es sei ein recht hübscher Stempel; ich selber hatte bislang leider nicht die Zeit, ihn mir anzuschauen. In der Mitte soll ein dampfender Topf sein, auf dem Topf ist das jeweilige Datum des Tages zu lesen, oben drüber steht »Weltdampfkongreß«, und unten steht »Berlin«, ich muß mir das nachher mal genau ansehen, und da können Sie gerne alle mitkommen. Aber nicht nur dieser Sonderstempel, sondern auch das lebhafte Interesse an dieser Informationsveranstaltung für Nichtfachleute zeigt, daß der Dampf als eines der schillerndsten Phänomene der Naturwissenschaften eine immer breiter werdende Menschenmasse fesselt. Und Zeit wird es, denn Dampf ist heute überall. Sie werden sich vielleicht fragen: Wo denn? Aber gehen Sie doch mal zu Hause an Ihren Kühlschrank und holen Sie einen Joghurt heraus. Was lesen Sie auf dem Becher? Schonend druckpasteurisiert, lesen Sie da. Sie lesen das auch auf der Buttermilch, auf Ihrem Fruchtquark, überall. Schön und gut, sagen Sie jetzt, aber was hat das mit Dampf zu tun? Sie fragen das, und ich antworte Ihnen, dazu sind wir Wissenschaftler ja da. Das Pasteurisieren der modernen Joghurts erfolgt heute in sogenannten Ultraschalldichtdampftrommelturbinen. Lassen Sie sich durch das Wortungetüm nicht schocken: Es ist einfacher, als es klingt. Wir unterscheiden ja zwischen Dichtdampf und Dünndampf. Bei vielen von Ihnen wird es jetzt im Hinterkopf ganz unangenehm gären, denn da fallen Ihnen natürlich die neun Leibnizschen Dampfgesetze ein, mit denen sich ja ein jeder in der Schule meist verlorene Kämpfe liefern mußte. Die meisten von Ihnen haben sich wahrscheinlich nicht einmal merken können, daß es vier Dichtdampf- und fünf Dünndampfgesetze gibt. Doch da kenne ich eine einleuchtende Eselsbrücke. Schauen Sie sich doch mal meine Lippenstellung an: VIER DICHTdampf, FÜNF DÜNNdampf, haben Sie es gesehen, oder soll ich noch einmal? Da fällt mir auch noch eine andere Eselsbrücke ein: Wie unterscheidet man Stalagmiten von Stalaktiten? Was tun die Mieten? Die Mieten steigen! Gerade ja jetzt in Berlin. Sie glauben ja nicht, wie froh ich bin, in Darmstadt zu leben, obwohl – ich gebe es zu – wir da ein eigenes Häuschen haben. Und die Stalaktiten, die hängen, ich möchte aber den zweiten Teil der Eselsbrücke nicht ganz ausformulieren, denn es sind Kinder da, Kinder, die bestimmt ganz, ganz dringend wissen wollen, wie ihr Joghurt pasteurisiert wird. Vorher möchte ich Ihnen aber noch erzählen, daß ich, der ich hier vor Ihnen stehe und alles über Dampf weiß, mir bei der Physikprüfung die Leibnizschen Dampfgesetze unter die Armbanduhr geschrieben hatte. Alter Pennälertrick, 100%ig paukersicher. Ich sprach von Ihrem Joghurt. Wir machen uns dabei eine eigenartige Eigenschaft des Dichtdampfes zunutze: Dichtdampf, der bei sehr hoher Geschwindigkeit mit durch Ultraschall gebündeltem Dünndampf beschossen wird, erzeugt enorme Drücke – in der Wissenschaft sagt man tatsächlich Drücke –, und der Joghurt wird nun aus meterhohen Kristallisationspumpkübeln direkt gegen diese Druckwellen geschleudert und so preiswert pasteurisiert. Und wenn Sie jetzt mal im Kopf von Ihrem Kühlschrank zu Ihrer Tiefkühltruhe wandern, bitte, und eine Packung Putenbrustschnitzel herausnehmen wollen, dann lesen Sie neuerdings immer öfter »lärmgefroren« auf der Packung. Vielleicht haben Sie es noch nicht gesehen, aber Sie werden es bald sehen. Daß bei großem Lärm die Temperatur immer ein wenig absinkt, das wissen Sie aus der Schule. Ich habe z. B. eine fünfzehnjährige Tochter, und die hört gerne laute Musik auf ihrem Zimmer. AC/DC heißt die Band. Neulich legte sie so eine Platte auf, und fünf Minuten später kam sie aus ihrem Zimmer und sagte: Mutti, weißt du, wo meine gelbe Strickjacke ist? So was Ähnliches werden Sie bei sich zu Hause alle schon erlebt haben. Neu ist aber, daß man in der Lage ist, so unvorstellbare Lautstärken zu erzeugen, daß Lebensmittel gefrieren. Man muß das natürlich an ziemlich abgelegenen Orten tun. Diese neue Technologie wird gerade in den neuen Bundesländern getestet. Ganz hier in der Nähe, bei Eberswalde-Finow, gibt es eine 600 m tief gelegene Höhle, und darin befinden sich lauter Lärmgeneratoren, die mehrere Waggons mit Gemüse gewissermaßen ankrachen. Die Lärmgeneratoren erzeugen eine Lautstärke, die 30 Düsenflugzeuge hervorbrächten, die gleichzeitig auf einer Fläche von drei Quadratzentimetern starten, einer Fläche, die ungefähr dem Sonderpostwertzeichen zum Weltdampfkongreß entspricht. Das ist natürlich ein etwas unrealistischer Vergleich – ich will es anders ausdrücken: In dieser Höhle herrscht ein Lärm, der 86 000 voll aufgedrehten Stereoanlagen entspricht. Das sind wahrscheinlich mehr Stereoanlagen, als es in den neuen Bundesländern überhaupt gibt. Es ist sicher eine gespenstische Vorstellung: über einen halben Kilometer tief unter der Erdoberfläche, vollkommene Dunkelheit, unvorstellbarer Lärm, Temperaturen von bis zu 50 Grad unter Null – aber bald werden das schöne und dringend benötigte Arbeitsplätze für die Menschen in den neuen Ländern sein.

Wie bitte? Ich glaube, da ist eine Wortmeldung. Ja, reden Sie ruhig... Ach so. Sie meinen, daß es in den neuen Bundesländern mehr als 86 000 Stereoanlagen gibt. Das kann schon sein, damit kann ich leben. Sie hier in Berlin haben ja doch am ehesten etwas Kontakt zu diesen Menschen dort, Sie müssen das ja wissen. Ich danke für diese Information. Im Gegenzug wollen Sie jetzt wahrscheinlich von mir wissen, was dieses neue Lärmgefrierverfahren denn nun mit Dampf zu tun hat. Auf den ersten Blick wenig, aber wenn ich Ihnen jetzt mal mein Spezialgebiet nenne, dann werden Sie sicher sagen: doch was. Ich habe mich spezialisiert auf das Erforschen des Verhaltens isomerischer Alpha-Dünndampfe der zweiten Generation – in der Wissenschaft sagt man Dampfe statt Dämpfe – bei durch Lärm erzeugten Temperaturstürzen. Jetzt denken Sie alle: uff. Aber es ist halb so schlimm. Wenn Sie zu Hause einen Teekessel auf den Herd stellen und es pfeift, wissen Sie, was Sie da haben? Isomerischen Alpha-Dünndampf haben Sie da, auch wenn's nicht draufsteht. Allerdings Alpha-Dampf der ersten Generation. Zweitgenerationigen Dampfen werden Sie in Ihrer Küche kaum begegnen. Ich möchte Ihnen jetzt von einem Dünndampfexperiment berichten, das Ihnen zeigen wird, daß Wissenschaft nicht trocken und spröde sein muß, sondern auch gut abgehen kann, wie meine Tochter, die in dem Dampfexperiment auch vorkommt, sagen würde. Zuerst, grob skizziert, die Versuchsanordnung: links der Dampfgenerator, rechts ein Plattenspieler und in der Mitte ein Stuhl, über dessen Rückenlehne ich die gelbe Strickjacke meiner Tochter gelegt habe. Das war die Grundvoraussetzung. Dann ging ich zu meiner Tochter und fragte sie: Na, Jasmin, hast du Lust, bei deinem Erzeuger ein bißchen im Dünndampflabor zu sitzen? Wie meine Tochter da reagierte, können Sie sich vielleicht vorstellen: Öh, wie langweilig, sagte sie. Sie machen sich vielleicht auch falsche Vorstellungen von Wissenschaftlerkindern. Die stehen keineswegs mit Reagenzgläsern in der Disco. Das sind ganz normale Kinder, und die muß man ködern. Ich köderte Jasmin mit der Erlaubnis, im Labor ihre AC/DC-Platten in einer Lautstärke zu hören, die sie auf ihrem Zimmer nicht darf. Jasmin kam also mit. »Ach, hier ist meine Strickjacke also abgeblieben. Und ich sitz unten rum und frier mir den Arsch ab.« Sagte sie beim Eintreten.

Ich sagte: Jasmin, setz dich doch mal ganz entspannt neben den Dünndampfgenerator und leg ganz laut eine Schallplatte auf. Machte sie auch, und wie zu erwarten war, zog sie nach wenigen Augenblicken ihre Strickjacke an. Worauf ich den Dampfgenerator in Betrieb setzte. Und raten Sie mal, was passierte: Ungeachtet des unbarmherzig weiterdröhnenden Plattenspielers zog meine Tochter ihre Strickjacke wieder aus. Sie sehen erstens: Isomerischer Alpha-Dünndampf neutralisiert die temperatursenkende Wirkung von Lärm, und Sie sehen zweitens: Wissenschaft ist nicht nur abgehoben, sondern kann, im Gegenteil, sehr viel Spaß machen. Ich habe das Experiment mit meiner Tochter in einer kleinen Diaserie festgehalten, die ich Herrn Weber bitten möchte – guten Tag erst mal, Herr Weber – jetzt in den Projektor zu stecken. Herr Weber, das Dia steht doch auf dem Kopf, Herr Weber, machen Sie das Dia richtig! Die Damen und Herren und die Kinder, die sich für Dampf interessieren, sind doch nicht hierhergekommen, damit sie mich hier so schief stehen sehen, sondern weil sie sich für Dampf interessieren. So, jetzt ist's richtig, aber: Herr Weber, das ist das zweite Dia, da hat meine Tochter doch schon die Strickjacke an. Ich möchte zuerst das Dia zeigen, wo meine Tochter die Strickjacke noch nicht anhat. Ah, da ist es auch schon. Nein, Herr Weber, das ist jetzt aber das dritte Dia, da hat meine Tochter ihre Strickjacke nicht noch nicht an, sondern schon nicht mehr. Das sehen Sie doch daran, daß der Diaprojektor dampft, Entschuldigung, ich meine natürlich der Dampfgenerator dampft. Herr Weber bringt mich ganz durcheinander. Aber lassen Sie's gut sein, Herr Weber, die Zuschauer müssen sich ja nur vom dritten Dia den Dampf wegdenken, und dann haben sie quasi das erste Dia. Sie fragen sich jetzt sicherlich, was für ein merkwürdiges T-Shirt meine Tochter da anhat. Sie sitzt etwas verknautscht da, deswegen können Sie es nicht richtig lesen. Aber ich sag Ihnen, was draufsteht: DIESEL ONLY THE BRAVE DIESEL steht da drauf. Fragen Sie mich nicht, was das bedeutet. Sicher: Only the brave steht für: Only the brave die young – nur die Tapferen sterben jung. Aber ob die Träger dieser T-Shirts darauf hinweisen wollen, daß sie Feiglinge sind, oder daß sie bald zu sterben wünschen, möglicherweise unter den Rädern eines Fahrzeugs mit Dieselmotor, das fragen Sie mal lieber diese jungen Leute mit den zischelnden Kopfhörern. Übrigens gibt es unten neben dem Sonderpostamt auch einen kleinen Verkaufsstand, wo Sie ein ganz anderes T-Shirt kaufen können: das offizielle T-Shirt zum Weltdampfkongreß, das Sie gratis bekommen, wenn Sie Laienabonnent unseres Fachorgans »Dampf« werden, das sich mit der Welt des Dampfes und der dampfverwandten Erscheinungen auseinandersetzt.

Jetzt schauen Sie alle verdutzt. Ich habe eben den Begriff »dampfverwandte Erscheinungen« benutzt.

Denn, auch wenn es dem Laien nicht unmittelbar einleuchten mag, es ist nicht alles Dampf, was dampft. Wir unterscheiden grob mindestens fünf Gruppen:

1. die echten Dampfe
2. die Gabrielschen Dampfe, benannt nach Professor Ernst Gabriel, der den Begriff »dampfverwandte Erscheinungen« geprägt hat. Mit seiner Witwe habe ich gestern gegessen. Sie leitet das Damenprogramm der Dampfforscherfrauen, und meine Frau durfte miterleben, wie sie der Präsidentin der Multiple-Sklerose-Gesellschaft einen Scheck über 150,– DM überreichte.
3. die dampfähnlichen Wärmenebel
4. die dampfähnlichen Unterdruckschwaden
5. die scheinbaren Schwaden

Ja, ich kann mir lebhaft ausmalen, wie Sie während Ihres nächsten Sonntagsspaziergangs durch Ihren Grunewald hier es nun ganz genau wissen wollen, wenn Sie dort einem Dampf begegnen. »Was dampft denn da?« werden Sie rufen, und genau das ist auch der Titel des neuen Naturführers, der unten auf dem Verkaufsstand neben dem Sonderpostamt präsentiert wird. Sie alle kennen ja die klassischen Kosmos-Büchlein »Was blüht denn da?«, »Was kriecht denn da?« und jetzt gibt es »Was dampft denn da?«. Eine Frage steht nun im Raum: Warum erst jetzt? Die Antwort darauf ist leicht: Bislang waren die Resultate all jener Versuche, den Dampfen mit der Kamera zu

Leibe zu rücken, stets unbefriedigend geblieben. Der amerikanischen Photographin Crystal Svoboda ist es nun aber nach Jahren am Rande alles hinschmeißen wollender Verzweiflung endlich gelungen, mit Hilfe einer hochspezialisierten Gegenlichtveredlungskamera gestochen scharfe Farbaufnahmen selbst der tückischsten unter den dampfverwandten Erscheinungen, der scheinbaren Schwaden, herzustellen. Ein ganz herzlicher Gruß geht daher an dieser Stelle nach San Diego. Diese brillanten Dampfphotographien sind nun erstmals in dem bereits erwähnten Bändchen zu finden, dessen Clou aber ohne Zweifel die beigepackte CD sein dürfte – eine CD, die die faszinierenden Klangwelten, wie sie ausschließlich im Herzen eines Dampfes vorkommen, endlich der Allgemeinheit zugänglich macht. Sicher, wenn man sein Ohr einem Dampf zuwendet, hört man nur ein Zischen, für das das Wort faszinierend zu hoch gegriffen ist. Im Inneren des Dampfes herrscht indes ein unsagbar feines Singen, welches aber von den profanen Geräuschen des Dampfrandes überdeckt wird. Nun ist es aber gelungen, hitzeresistente kleine Bällchen zu entwickeln, in welche man Mikrophone mit unvorstellbar kleinen Kippschaltern eingeschweißt hat, und diese Bällchen wurden vorsichtig in die Herzen der Dampfe geschoben. Heraus kamen dabei Aufnahmen, die ganz entfernt an das Singen der Wale erinnern, die aber ungleich feiner und für das menschliche Ohr weniger klagend klingen, sondern süßer und berauschender.

Ich habe mir die CD zusammen mit meiner Frau vor einer Woche angehört. »Rudolf, hörst du das?« fragte meine Frau – tja, auch Wissenschaftler haben

Vornamen –, und ich sagte: »Verena, ja, ich höre das.« Dann haben wir einander ganz feste umarmt, und an diesem Abend haben wir das erste Mal seit vielen Monaten wieder miteinander verkehrt, was natürlich nichts für die allmählich schon etwas unruhig werdenden Kinder hier ist. Deswegen schlage ich vor, daß wir jetzt alle gemeinsam die Treppe hinuntergehen und uns den schönen Sonderstempel mal genauer ansehen.

Mini-Talk am Nachmittag

Eine Minute vor Sendebeginn. Die Talkshowbesitzerin drängelt sich durch die Gratispistazien essenden Zuschauer zur Moderatorin.

TALKSHOWBESITZERIN Du, Dorchen, es tut mir furchtbar sorry, aber wir müssen radikal umdisponieren. Die obdachlose Sexberaterin aus Frankreich, die das Buch *Obdachlos und trotzdem Sexberaterin* geschrieben hat, ist im Schneegestöber steckengeblieben, und der skurrile Typ, der von sich behauptet, ein Fan von Uwe Ochsenknecht zu sein, auch.

MODERATORIN Oh, Fuck! Im gleichen Schneegestöber?

TALKSHOWBESITZERIN Nein, Süßes. In seperaten Schneegestöbern.

MODERATORIN Fuck! Mit wem soll ich jetzt talken?

TALKSHOWBESITZERIN Erstens mit der helgoländischen Kirschenkönigin. Die hat eine neue Theorie zur Müllbeseitigungsfrage entwickelt. Quetsch das Mädelchen mal ein bißchen aus. Zweitens: Mit dem griechischen Frauenkritiker Eglisios Retsidokularakis.

MODERATORIN Eglisios wie bitte?

TALKSHOWBESITZERIN Retsidokularakis. Merk dir das bitte.

MODERATORIN Oh, Fuck, was soll ich den denn fragen?

TALKSHOWBESITZERIN Du wirst das Kind schon schaukeln, Liebes. Horch, da ist die Talkshowbeginnrassel, gleich beginnts.

Sprödes Rasselgeräusch

MODERATORIN Guten Abend, meine Damen und Herren, wie Sie am spröden Klang der Talkshowbeginnrassel vielleicht gemerkt haben, beginnt nun unsere Talkshow. Die in den TV-Magazinen angekündigten Gäste sind leider in separaten Schneegestöbern steckengeblieben, doch wir haben natürlich für hochkarätigen Ersatz gesorgt. Rechts von mir sitzt die Helgoländer Kirschenkönigin, deren Namen Sie gleich von ihr selber hören werden.

KIRSCHENKÖNIGIN Mein Name ist Kathrin Schäfer, ich bin 18 Jahre jung, ich bin unternehmungslustig, aber auch häuslich, ich mach gern Paragliding, was ich nicht mag, sind Intoleranz und ungepflegte, miefige Achselhöhlen bei Männern, und ein bißchen nervös bin ich schon.

MODERATORIN Das wollt ich gerade fragen. Sind Sie nervös? Aber Sie sagten komischerweise ja schon, daß Sie nervös sind.

KIRSCHENKÖNIGIN Ja, weil ich mir das dachte, daß Sie mich das fragen würden, ob ich nervös bin. Sonst hätte ich das nicht schon gesagt.

MODERATORIN Woher wußten Sie denn, daß ich Sie das fragen würde?

KIRSCHENKÖNIGIN Naja, sieht man das denn nicht? Ich hab total schwitzige Hände und bin doch ganz rot im Gesicht.

MODERATORIN Das wäre ja für eine Kirschenkönigin auch ganz passend, rot im Gesicht zu sein. Allerdings sind Sie weiß wie die Wand.

KIRSCHENKÖNIGIN Wirklich? Ich dachte, ich wär total rot im Gesicht.

MODERATORIN Nein, aschfahl. Aber zu meiner Linken, der Gentleman, das ist einer, der allen Grund hätte, rot im Gesicht zu sein, vor Scham nämlich, der griechische Frauenkritiker Eglisios Retsidokularakis. Herr Retsidokularakis: Was in aller Welt gibts denn an Frauen zu kritisieren?

RETSIDOKULARAKIS Daß sie einem beim Tanzen immer auf die Füße treten.

MODERATORIN Aber sonst haben Sie an Frauen nichts zu bemängeln?

RETSIDOKULARAKIS Überhaupt nichts!

MODERATORIN Das freut mich und auch die Zuschauerinnen und Zuschauer hier bei uns auf den Zuschauerbänken und natürlich auch diejenigen daheim in den Fernsehsesseln vor den Bildschirmen. Fräulein Schäfer, eine Frage, die ich eigentlich unserem ursprünglich vorgesehenen Gast auf den Leib konzipiert hatte, die ich aber genausogut Sie fragen kann: Wie fühlt man sich eigentlich als obdachlose Sexberaterin? Wie dividiert man das auseinander?

KIRSCHENKÖNIGIN Als mich heute mittag Ihr Redakteur anrief, hat er mir aber nicht gesagt, daß ich hier eine Pennerin vertreten soll!

MODERATORIN Hat er nicht? Das hätte er Ihnen fairerweise sagen sollen. Darüber hinaus: Was heißt hier Pennerin? Solche Ausdrücke dulde ich in meiner Talkshow nicht. Das ist die Sprache des Unmenschen, die Sprache derjenigen, die mit der Bierflasche in der Hand neben brennenden Häusern stehen und applaudieren.

RETSIDOKULARAKIS Mit einer Bierflasche in der Hand applaudieren? Das müssen Sie mir mal vormachen!

MODERATORIN Das geht schon, man muß die Bierflasche halt in die Achselhöhle klemmen.

KIRSCHENKÖNIGIN Männer mit Bierflaschen in der Achselhöhle finde ich aber überhaupt nicht ästhetisch.

MODERATORIN Da haben Sie recht. In Achselhöhlen haben Bierflaschen wirklich nichts zu suchen. Fräulein Schäfer, Sie haben eine neue Müllbeseitigungstheorie entwickelt. Wie kommt ein Mädchen in Ihrem Alter dazu, sich mit solchen im wahrsten Sinne des Wortes zum Himmel stinkenden Themen herumzuärgern?

KIRSCHENKÖNIGIN Sie müssen wissen, daß ich bis vor zwei Jahren stark übergewichtig war, und ich hab dann festgestellt, daß man nicht soviel ans Essen denkt, wenn man ein spannendes Buch liest.

MODERATORIN Das ist ja wohl eher eine Diät-Theorie.

KIRSCHENKÖNIGIN Das würd ich nicht sagen. Teilweise natürlich schon. Auch. Aber nicht nur.

MODERATORIN Ich glaube, wir versinken hier ein bißchen in allgemeinem Geplänkel, deswegen will ich im Interesse der Zuschauer vielleicht mal ein bißchen bohrender fragen.

RETSIDOKULARAKIS Sie fragen doch schon ganz schön bohrend. Respekt, Respekt, kann ich da nur sagen.

MODERATORIN Danke, Herr Retsidokularakis, aber Sie waren ausnahmsweise eben mal nicht gefragt. Fräulein Schäfer! Bei aller Sympathie für einen unverbrauchten jungen Wirbelwind wie Sie: Man kann sich des schalen Eindrucks nicht erwehren, daß Sie von Müllbeseitigung, auf deutsch gesagt, keinen blassen Dunst haben.

KIRSCHENKÖNIGIN Wir haben das in der Achten durchgenommen, aber das meiste ist natürlich weg.

MODERATORIN Ja, das kenn ich von mir. Ich hatte sieben lange Jahre lang Französischunterricht, und mehr als »Le fromage, s'il vous-plaît« ist mir nicht geblieben.

KIRSCHENKÖNIGIN Ja, wenn man das nicht ständig praktiziert, dann verflüchtigt sich das schnell.

MODERATORIN Was eigentlich wirklich schade ist. Französisch ist so eine schöne Sprache. Diese ganze Sprachmelodie allein, da schwingt so viel elegantes Straßencafé-Flair mit.

KIRSCHENKÖNIGIN Jaja, das find ich auch, die Franzosen, die haben so einen luftig-soften Singsang-Sound. Aber Italienisch find ich sogar noch ein bißchen schöner.

MODERATORIN Die Sprache der Musik! Man sitzt zusammen vor der Haustür und lauscht den Gitarren, stundenlang. Die ganzen romanischen Völker, die haben ja sowieso einen ganz anderen Zeitbegriff. Zeit bedeutet den Menschen da unten nichts. Ein Essen, was nicht wenigstens sechs, sieben Stunden dauert, ist überhaupt kein Essen für einen Franzosen. Unsereins schaufelt sich doch mit der rechten Hand irgendwelche total verbrutzelten Kartoffeln in den Schlund, und mit der linken Hand blickt man verkrampft auf den Sekundenzeiger der Armbanduhr.

KIRSCHENKÖNIGIN Mein Bruder, der war vor paar Jahren mal in Frankreich, und der sagt, in ganz Frankreich findet sich nicht ein einziges Restaurant, wo Uhren auf den Tischen stehen.

MODERATORIN Das ist ja sowieso eine typisch deutsche Unsitte. Da haben uns die Franzosen eine Riesenportion Gelassenheit voraus. Zwischen den einzelnen Gängen wird Gitarre gespielt, die Kinder werfen Gummibälle durchs Zimmer und toben unter den Tischen herum, getanzt wird, das ganze Dorf tanzt und tauscht Neuigkeiten und Zärtlichkeiten aus, die Kirchenglocken läuten, die Esel schauen wie selbstverständlich zum Fenster hinein, das stört keinen, ich hab das selbst erlebt, und auch die Alten, Gebrechlichen, die Todkranken werden nicht zum Sterben an den Stadtrand dividiert, sondern werden voll in das Essen integriert, verrichten auch noch leichte Arbeiten, Teppiche ausklopfen etc.

KIRSCHENKÖNIGIN Für mich hat Essen auch wahnsinnig viel mit Sinnlichkeit zu tun, mit Lusterfahrung.

MODERATORIN Richtig, mit Lust, mit Genuß, in gewissem Sinne auch mit Weiblichkeit. Was bei uns in viele Hirne einfach nicht rein will, ist, daß Genuß ja auch Kultur ist. Bei den Franzosen schlägt das Herz auch in der Zunge und nicht, wie bei uns, nur in den Ellbogen.

KIRSCHENKÖNIGIN Es gibt ja bei uns auch tiefgekühltes französisches Essen, aber das ist nicht das gleiche.

MODERATORIN Richtig, aber deswegen sollten wir noch lange nicht die Tiefkühltruhen verteufeln.

KIRSCHENKÖNIGIN Verteufeln nicht, aber auch nicht blind in den Himmel heben.

MODERATORIN Da haben Sie auch wieder recht. Es kommt jetzt gleich die Talkshowbeendigungsrassel, aber eine Frage bleibt mir noch: Wieso eigentlich Helgoländer Kirschenkönigin? Seit wann gibt es denn auf Helgoland Kirschbäume?

KIRSCHENKÖNIGIN Seit überhaupt nirgendwann.

RETSIDOKULARAKIS Was? Ich erinnere mich aber, dort mit dem Motorrad stundenlang durch ausgedehnte Kirschfarmen gebraust zu sein.

KIRSCHENKÖNIGIN Auf Helgoland? Da sind doch nicht mal Fahrräder zugelassen, geschweige denn Motorräder!

RETSIDOKULARAKIS Nein? Ich entsinne mich aber, dort mehrere große Motorradwerke besichtigt zu haben!

MODERATORIN Herr Retsidokularakis. Vielleicht können Sie wenigstens am Schluß der Sendung mal jemand anderes zu Wort kommen lassen. Ich hoffe, Sie können einmal in Ihrem Leben verkraften, daß jemand Sie kritisiert. Meine Damen und Herren, wir sehen uns morgen wieder mit Gästen, die hoffentlich genauso spannend sind wie die heutigen. Unser morgiges Thema wird Lederbekleidung sein.

Sprödes Rasselgeräusch

Die Gräfin mit der negativen Bilanz

Fernab unserer Hauptverkehrsadern wohnt eine alte Gräfin, die den Ruf hat, extrem gemein zu sein. Sie besitzt einen ganzen Bottich voll Juwelen, sagt aber keinem, wo sie den versteckt hat. Wenn man gegen ihre Türe bollert und ruft »Her mit den Juwelen, du alte Schreckschraube«, dann öffnet sie nicht einmal, sondern sagt durch die Tür hindurch: »Nee, die behalte ich!« Kein Wunder, daß niemand in unserem Volk positiv Bilanz über diese Gräfin zieht.

Einmal fuhren zwei junge Springinsfelde in gutsitzenden, aber mit Mirácoli-Soße besudelten Jeans eine Hauptverkehrsader entlang. Plötzlich riefen die Springinsfelde: »Der Herrgott kann sich seine Hauptverkehrsadern an den Hut stecken«, und bogen demzufolge in einen Feldweg ein. Nach nicht aufsehenerregend langer, aber auch nicht übertrieben kurzer Zeit gelangten sie zum Anwesen der Gräfin mit der Negativbilanz. Da es warm war, begannen sie, das Haus abzureißen. Das mißfiel der Gräfin, die darin saß und ihre Juwelen mit Juwelenpflegemittel einrieb. Sie trat vor die Türe und plärrte: »Was fällt Ihnen ein, einfach mein Haus abzureißen? Es ist doch ein einwandfreies Haus in mittlerer Wohnlage!« – »Ach, Entschuldigung«, gaben die Burschen zurück, »uns war so heiß.« Die Gräfin erwiderte: »Wenn Ihnen heiß ist, dann nehmen Sie lieber ein Brausebad, statt Häuser abzureißen. Ich erlaube Ihnen, mein Badezimmer zu nutzen. Aber spritzen Sie ja nicht den Klodeckel naß. Es hat schon einmal einer meinen Klodeckel naßgespritzt, und den habe ich aus dem Haus gejagt, seitdem bin ich einsam und psychisch krank und habe ein Negativimage. Wenn Sie aber gut achtgeben, wasche ich gerne Ihre mit Mirácoli-Soße bespritzten Jeans, während Sie Ihre Leiber abbrausen.« – »Dürfen wir unser Radio mitnehmen?« fragten die Springinsfelde. Die Gräfin erlaubte es.

Als die beiden aus dem Bade kamen, hatten sie nichts an außer ihrem Radio. Die Gräfin ließ sich aber von den unverhüllten Adamsreizen nicht groß beeindrucken, denn ihr sexuelles Interesse war bereits kurz nach dem Zweiten Weltkrieg erloschen. Sie polierte weiter ihre Juwelen. Die Burschen riefen: »Mann, sind das Kawenzmänner! Kriegen wir welche ab?« – »Nee, die behalte ich«, sagte die Gräfin, »aber Ihre Hosen können Sie aus dem Trockner holen.«

Während die Burschen zurück zur Hauptverkehrsader fuhren, zogen sie negativ Bilanz über die Gräfin. Eigentlich total ungerecht, denn immerhin hat sie ihnen ihre Dusche angeboten, die Jeans gewaschen und obendrein auch recht kulant reagiert, als man sich anschickte, ihr Haus abzureißen. Theoretisch hätte sie ja auch die Polizei rufen können. Hat sie aber nicht. Unserem Volk ist nahezulegen, sein hartes Urteil über die Gräfin zu revidieren. Die Blöden sind doch eigentlich die Springinsfelde. Das Haus abreißen, nur weil ihnen warm ist. Was ist denn das für eine Begründung?

Ein Leben auf der Flucht vor der ›Koralle‹

MODERATOR In meinen Händen, meine Damen und Herren, halte ich ein dickes Buch, und mir gegenüber sitzt die, wenn ich das sagen darf, unerwartet schlanke Autorin des dicken Buches. Es ist nicht nur eine Frau, sondern *die* Frau: Ich freue mich von ganzem Herzen, die Schauspielerin Ruth Frau begrüßen zu dürfen.

RUTH FRAU Ich freue mich auch. Das haben Sie ganz lieb gesagt.

MODERATOR Ruth Frau, Sie haben zwanzig Jahre lang jedes Interviewbegehren brüsk zurückgewiesen, Sie ließen sich in nicht einer Talkshow blikken, es hieß, Sie seien verbittert, und nun sitzt hier im Studio ein strahlendes Bündel Schalk und Lebenswillen, bereit zu jeder Auskunft. Warum haben Sie sich all die Jahre verweigert?

RUTH FRAU Ach, wissen Sie: Schon als blutjunge Schauspielerin war ich der Auffassung, daß es doch eigentlich schöner wäre, wenn man einfach seine Arbeit machen könnte, ohne sich ständig rechtfertigen zu müssen oder danach gefragt zu werden, ob man an Horoskope glaube oder was man macht, um schlank zu bleiben, aber mir ist halt immer von denen, die es angeblich gut mit mir meinten, eingetrichtert worden, die Interviewerei sei Bestandteil meines Jobs, und ich sei auf die Presse angewiesen usw. Ich fand es eigentlich immer höchst unpassend, wildfremden Menschen Rede und Antwort zu stehen, aber ich hab es halt gemacht und mußte natürlich auch mit den daraus resultierenden Artikeln leben. Man merkt ja erst, wie schludrig manche dieser Leute arbeiten, wenn man selber Gegenstand der Berichterstattung ist.

MODERATOR Können Sie ein Beispiel nennen?

RUTH FRAU Ja, ja, gern: Ein Beispiel aus allerfrischester Zeit: Vorgestern bekam ich vom Verlag die ersten vier Rezensionen meines Buches zugeschickt. Ich will auf die nicht inhaltlich eingehen, aber, wie Sie wissen, wird ja am Ende der Kritik immer noch mal Titel des Buches, Verlag, Seitenzahl und der Preis genannt. Und in dreien der vier Fälle waren weder die Seitenzahl noch der Ladenpreis korrekt wiedergegeben. Wenigstens das sollte man doch eigentlich hinkriegen.

MODERATOR Sollte man meinen.

RUTH FRAU Und mit solchen Leuten soll man über private Dinge reden, ich bitte Sie! Und um nun endlich mal der absurden Situation ein Ende zu bereiten, daß ich in einem Interview erkläre, warum ich keine Interviews gebe, möchte ich noch eine kleine Sache erzählen. So um 74/75 hatte ich eine Person von irgendeinem Wald- und Wiesenblatt bei mir zu Haus – die glauben ja auch immer gern, sie hätten ein Anrecht darauf, einen zu Hause heimzusuchen, und diese Person war, ich sag so was Häßliches gar nicht gern, ein Dummchen par excellence. Sie hangelte sich von einer unausgegorenen Frage zur nächsten, und um ihre Hilflosigkeit zu kaschieren, hatte sie sich auf die Masche kapriziert, ihrem Gesprächs...opfer private Begriffsdefinitionen abzuverlangen. Also: Ich verwendete in einer Antwort den Begriff Liebe, und da fragte sie: Was bedeutet Liebe für Sie? Ich sprach vom Berufsethos, und prompt kam die Frage: Wie würden Sie Berufsethos definieren? Irgendwann erwähnte ich den Begriff Kultur, und als sie dann fragte: Was verstehen Sie unter Kultur?, da bin ich schließlich in die Luft gegangen und sagte: Herzchen, wenn Sie nicht wissen, was Kultur ist, dann schauen Sie bitteschön im Lexikon nach, statt mir hier auf die Nerven zu fallen. Ihr Artikel troff natürlich vor beleidigter Leberwurst und gipfelte schließlich in der Frage: Wenn sie nicht in der Lage ist, mit Journalisten zusammenzuarbeiten, warum läßt sie es dann nicht einfach bleiben und strickt Strümpfe? Und ich dachte: Danke, Dummchen, das ist die Idee des Jahrhunderts, ich lass' es bleiben und stricke zwar nicht Strümpfe, aber, Sie wissen schon. Und es ist mir bestens bekommen!

MODERATOR Aber Sie sind ja gerade dabei, mit Ihrer liebgewonnenen Tradition der Interviewabstinenz zu brechen.

RUTH FRAU Warum, das erklärte ich Ihnen ja am Telephon.

MODERATOR Die Zuhörer wissen aber nicht, was wir zwei beiden Hübschen am Telephon bekakelt haben.

RUTH FRAU Natürlich nicht. Wir unterhalten uns hier so nett, daß ich ganz vergessen hab, daß uns jemand zuhört. Es geht mir nicht darum, das Buch zu promoten, wie man heute sagt. Es soll überhaupt nicht so sehr um mich gehen; ich halte mich nicht für so weltbewegend! Es soll hier gehen um David de München, meinen vorletzten Ehemann, von dem die Öffentlichkeit ja ein entsetzlich verzerrtes Bild hat. Zum zehnten Todestag von David habe ich eine CD mit bislang unbekannten Gesangsaufnahmen von ihm herausgebracht. Und für diese CD setze ich mich in die Radiosessel und sogar Talkshowsessel, für David tu ich's, nicht für mich!

MODERATOR Von der CD würden wir natürlich liebend gerne etwas hören – zu dumm, daß Sie sie zu Hause vergessen haben, was uns aber wiederum Gelegenheit verschafft, um so mehr über Sie zu erfahren. Ruth Frau – ein ungewöhnliches Leben, viel bergauf, viel bergab, viele Ecken, Kanten, Kurven, Widerborsten – und jetzt die Memoiren. Achthundert Seiten, sicher, Sie haben viel erlebt; der Titel *Das Waschbecken* dürfte eher eigenwillig für die Erinnerungen einer Schauspielerin sein. Der Titel spielt ja sicher nicht nur auf die leidige Waschbeckenaffäre an, auf die wir auch noch zu sprechen kommen werden, sondern steht ja auch für einen Selbstreinigungsprozeß. Was sagt Ruth Frau dazu?

RUTH FRAU Selbstreinigung ja, aber nicht schmutzige Wäsche waschen in der Öffentlichkeit, was man von einigen unrühmlichen Ausnahmen unter den Kollegen ja leider sagen muß.

MODERATOR Ruth Frau – Sie haben nicht Ihr Leben lang auf Seidenkissen gesessen. Erst gefeierte Ikone der Adenauerjahre, dann der große Rutsch nach unten. Nach ganz, ganz unten, in die Hölle, wenn man das so sagen will.

RUTH FRAU So direkt in Richtung Hölle gings natürlich nicht. Es kam erst mal die Zeit, in der der deutsche Film darniederlag. Da gab es nur noch Filme, wo man sich als Schauspielerin ebenfalls darniederlegen mußte. Sie wissen, was ich meine.

MODERATOR Das ist das Wunderbare an Ihnen: Immer wieder blitzt die bissige Berlinerin hervor, die natürlich seit langem Wahlmünchnerin ist. Aber weiter: Der Film lag darnieder. Was taten Sie?

RUTH FRAU Ich machte natürlich bei diesen Machwerken nicht mit. Ich hielt mich mit den üblichen Brecht-Abenden über Wasser, sagte im Saarland das Wetter an.

MODERATOR Sie gelten aber als giftigste Brecht-Interpretin aller Zeiten.

RUTH FRAU Ach ja, giftig, giftig. Mir sind diese Brecht-Lieder nach einiger Zeit einfach dermaßen auf die Nerven gegangen, daß ich meine Aggressionen an ihnen ausgelassen habe. Was von anderen als besonders gallige Interpretation ausgelegt wurde, war einfach nur schlechte Laune. Nein, da habe ich schon lieber im Saarland das Wetter angesagt. Während dieser Zeit bekam ich übrigens das bezauberndste Kompliment meines Lebens. Ein Mann schrieb mir: Wenn es in Saarbrücken regnet, ist das immer noch besseres Wetter, als wenn in Berlin die Sonne scheint, denn bei uns wird auch das schlechte Wetter von Ruth Frau angesagt. Ist das nicht rührend?

MODERATOR Rührend in der Tat. Aber trotzdem: Alkohol, Tabletten. Warum? Eine Leinwandkollegin, die sicherlich zu den von Ihnen erwähnten unrühmlichen Ausnahmen zu rechnen ist, hat auch ihre Erinnerungen zu Papier gebracht und schreibt – ich zitiere wörtlich: Wenn man in jenen Jahren der pikanten Versuchung nicht widerstehen konnte, Ruth Frau und ihren über den Daumen gepeilt vierten Mann – *Mann* ist hier in Gänsebeinchen gesetzt –, also Ruth Frau und ihren Mann David de München, einen erfolglosen Popsänger, den alle nur Ventilatorsäckchen nannten, zu sich zu bitten, konnte man sicher sein, daß sich auch der harmloseste Fünf-Uhr-Tee in ein dröhnendes Desaster verwandelte, wo ein beunruhigender Cocktail aus Martinis, Tränen, Wahnsinn und Witzen gereicht wurde, bei denen sich alle Anwesenden nichts sehnlicher als ein Paar Ohrenstöpsel wünschten.

RUTH FRAU Ja, und ich wünsche dieser Kollegin, die ich übrigens einmal heulend in einem Palmenkübel auf der Dachterrasse des Hamburger Hilton liegen gesehen habe, viel Erfolg mit ihrem reizenden Buch, falls es ethisch drin ist, jemandem für 960 lähmende Seiten Bettgeschichten, Neid und Frust Glück zu wünschen. Ehrlich: Früher hätten mich solche Anfechtungen sehr getroffen, aber heute lach ich nur. Kennen Sie den Witz über mich aus dieser Zeit?

MODERATOR Ein Witz? Nein, erzählen Sie.

RUTH FRAU Was ist der Unterschied zwischen einem Chow-Chow und Frau Frau?

MODERATOR Der Chow-Chow bellt und Frau Frau beißt?

RUTH FRAU Ach was! Chow-Chows bellen doch gar nicht. Das sind wunderbare Etagenhunde. Nein. Der Unterschied ist: Beim Chow-Chow ist nur die Zunge blau.

MODERATOR Ui ui ui, das ist ja ein ganz schöner Klops. Gut, daß Sie heute darüber lachen können. Ich für meinen Teil mußte, das gebe ich zu, ziemlich lachen, als ich das erste Mal die Sache mit Ventilatorsäckchen las. Was hatte es damit auf sich?

RUTH FRAU Nun, der große Pianist und Sänger David de München, mein nicht nur über den Daumen gepeilt, sondern tatsächlich vierter Mann, war immer ein bißchen sensibler als andere. Er litt Höllenqualen, wenn er in der Öffentlichkeit ein verschwitztes Gesicht hatte. Also fächerte er sich, wenn wir in Gesellschaft waren, immer mit einem Fächer Luft zu. Doch vom vielen Fächern bekam er eine Sehnenscheidenentzündung, und die Ärzte sagten, Herr de München, das Fächern können Sie vergessen. Das war ein unglaublicher Schock für ihn. Die Welt war erst wieder in Ordnung, als ich ihm so einen batteriebetriebenen Taschenventilator schenkte. Die Dramen, die sich abspielten, wenn ich mal keine Ersatzbatterien dabei hatte, können Sie sich nicht vorstellen. Es gab natürlich auch Situationen, wo er den Ventilator nicht benutzte, z. B. bei heftigem Wind oder während der heiligen Messe. Er war ja sehr religiös, fast schon grotesk religiös. Und zu solchen Gelegenheiten bewahrte er seinen Ventilator in einem mit Commedia dell'Arte-Motiven bestickten Brokatbeutel auf. Einmal waren wir bei Hilde Guffy eingeladen. Hilde Guffy – Sie wissen schon, die Tochter des tanzenden Röntgenologen Dr. Kosmas Guffy und der singenden Rennfahrerin Karlie Wausch. Es war schon spät, und David ging allein in den Garten, um den Mond zu beobachten. Und da fiel ihm der Brokatsack ins Wasser.

MODERATOR Was denn für Wasser?

RUTH FRAU Swimmingpool-Wasser. Und was er dann tat, ist nicht leicht zu verstehen. Statt mich zu rufen, ging er in seiner Sensibilität zum Telephon, wählte die Nummer der Polizei und sagte: Kommen Sie sofort, es ist etwas Furchtbares geschehen. Wenig später schellte es, die Guffy sagte: Nanu, Polizei, und David umklammerte den ersten eintretenden Beamten und schrie: Mein Ventilatorsäckchen ist ins Wasser gefallen, aber für mich als Katholiken ist das leicht zu verkraften. Sehen Sie doch, wie leicht ich es verkrafte. Und dann zerrte er den Polizisten an der Jacke, versuchte ihn zum Katholizismus, zu seiner ganz privaten Spielart davon, zu bekehren, und hatte natürlich seinen Spitznamen weg.

MODERATOR Ich finde es wunderbar, wie frank und frei sie hier über diese ja doch auch etwas peinlichen Angelegenheiten sprechen, und ich hätte Ihnen deswegen ja auch gerne Gelegenheit gegeben, diese CD namens *Der andere David de München* vorzustellen, doch die liegt ja leider zu Hause auf Ihrem gotischen Stollentisch.

RUTH FRAU Ja, da liegt er gut, der andere David de München, welcher allerdings der wahre David de München ist. Der wahre David de München ist nicht derjenige, der in der Drehscheibe in giftgrünen Knautschsamthosen unter einer Glitzerkugel hopste und Lieder im sogenannten Westerland-Sound trällerte. David hat den Westerland-Sound gehaßt wie ich meine Brecht-Abende, die Wedekind-Abende, Tucholsky-Abende, wie habe ich das alles gehaßt! Und was meinen Sie, wie weh es tut, wenn jetzt Studenten hier in München, Studenten mit einem ganz und gar fragwürdigen Sinn für Ironie, jetzt sogenannte Westerland-Parties veranstalten, wo Davids Platten rauf und runter gespielt werden, und für die in Spots beim Lokalradio geworben wird mit: »Grumpf! The crazy sound of green velvet.« So was trifft mich wie ein Axthieb! Zur Ehrenrettung Davids habe ich nun halt diese CD herausgebracht, die den bis in die Haarspitzen empfindungsvollen Interpreten von Klassikern der gehobenen Song-Unterhaltung, der sich selbst meisterhaft und eigenwillig an seinem weißen Konzertflügel begleitet, vorstellt.

MODERATOR Gut. Schön. Können wir leider nicht hören. Kehren wir noch einmal kurz in Ihre schlimme Zeit zurück, kommen wir zur Waschbeckengeschichte, die Sie ja für einige Jahre, das muß man sagen, vollkommen ins gesellschaftliche Jenseits befördert hat, zu Unrecht, wie wir heute wissen. Für lange Zeit aber wurden Sie in den Medien als absinthsüchtiges, bisexuelles Monstrum gehandelt, als cholerische Zechprellerin, deren Tochter bei einer Sekte ist, die Toilettenfrauen ohrfeigt und mit verrutschter Synthetikperücke und verschmiertem Lippenstift in drittklassigen Hotelzimmern die Armaturen und die Waschbecken aus den Kacheln reißt und aus dem Fenster wirft.

RUTH FRAU Tja, das war mein Ruf.

MODERATOR Sie sagen das sehr nachdenklich. Schmerzen die Narben den ehemaligen Trümmerhaufen der Nation, als der Sie ja immer wieder apostrophiert wurden? Aber sagen Sie nichts! Ich sehe Ihren Augen an, daß da Wunden sind, Wunden aber, die Sie mit der Schreibmaschine so wunderschön zuzunähen versuchten, wie Ihr Buch ja belegt. Gerade das Waschbeckenkapitel ist Ihnen besonders gut gelungen. Würden Sie es für unsere Zuhörer noch einmal nacherzählen?

RUTH FRAU Gerne. Ich hatte in Düsseldorf einen Auftritt bei einer Jubiläumsfeier eines Haushaltsgeräteherstellers. Ich konnte in diesen Jahren nicht zimperlich mit Angeboten umgehen, aber das war noch einen Zacken schlimmer als die Brecht-Abende. Auf dieser Feier wurde eine neue Topf-Kollektion lanciert, und Frau Polte, die Gattin des Firmeninhabers, hatte Lobesverse auf eben diese Töpfe geschrieben, die ich zur Klavierbegleitung der Tochter deklamieren mußte. Das Entsetzliche war, daß man mich dabei gar nicht sah, da ich mich in einem zwei Meter hohen Kochtopf aus Pappmaché befand. Ich mußte dabei einen Besenstiel hochhalten und die ganze Zeit im Kreis rumgehen – das sollte den umrührenden Kochlöffel darstellen. Es waren über vierhundert Verse, einen weiß ich sogar noch: Ob Schwein, ob Rind, ob Flügeltier / im Polte-Topf gelingt es dir. Und alles andere war auch in dem Stil. Nach zwei Stunden holte mich die Tochter aus dem Topf, weil die Gäste längst auf die Terrasse gegangen waren. Kein Applaus, keine Blumen – nichts. Die Gage mußte ich mir in der Küche abholen! Ich dachte: Nee, vor zehn Jahren bist du noch mit Rainer Birkendorf, Hilde Himberti, Fritz Weiterkopf, Ira Sriftsetzer, Heidemie Bruder, Hektor Maria Schlaf, Godl Trümmerwein, Werner Grolle, Marie-Aprilette Hellerfors, mit allen großen Namen, mit Barbara Milram, Heidrun Danone, Yvette-Kathrinchen Ehrmann, Wolf-Adam Onken, und wie hieß sie noch, Mia Martina Tenor, Paul zur Brücke, Hasso Schacht, Sharon Brutannahan, Coco Vaternahm und Whis Wichtkatz, mit all diesen Namen bist du vor der Kamera gestanden, und jetzt bist du ein Kochlöffel und kriegst von einer grinsenden Abwaschhilfe einen Briefumschlag hingeschoben. Ich setzte mich in ein Taxi und beging dann den großen Fehler, mich in ein Lokal in der Innenstadt fahren zu lassen, das ich von einer Premierenfeier her kannte. Ich stellte mich an die Bar, und Ihnen dürfte klar sein, was ich dort tat. Ich war schon ziemlich dabei, dem Witz, den ich Ihnen vorhin erzählte, alle Ehre zu machen, da fühlte ich mich einem Blitzlichtgewitter ausgesetzt. Es waren Reporter von der ›Koralle‹, die mich schon in ihrer letzten Ausgabe mit meinem zu Schrott gefahrenen Karmann Ghia auf der Titelseite hatte. Ich sah keine andere Möglichkeit, als auf die Toilette zu flüchten, um dort aus dem Fenster zu kriechen. Doch da war diese renitente Toilettenfrau. »Nee, Frau Frau, auch wenn's mit dem Filmgeschäft nicht mehr so klappt bei Ihnen, aus dem Fenster gekrochen wird bei mir nicht!« Da ist mir eben die Hand ausgerutscht, und die ist dann natürlich zu den ›Koralle‹-Reportern gerannt, und ich bin ausgebüxt. Im Hotel wollte ich mir dann die ganzen Demütigungen ausschwitzen, aber im Badezimmer wurde mir plötzlich ein wenig mau, so daß ich mich am Waschbeckenrand abstützte. Da riß das blöde Ding aus seiner Halterung und fiel runter. Ich war darüber so wütend, daß ich mir das Waschbecken griff und zum Fahrstuhl ging, um es dem Nachtpförtner auf den Tresen zu knallen. Da kam halt die Berlinerin in mir wieder zum Vorschein. Im Fahrstuhl aber überkamen mich dann solche Selbstzweifel und Ängste – ich dachte: Ich, die Ikone der Adenauer-Ära, stehe mit einem Waschbecken im Lift eines nicht gerade erstklassigen Hotels, gnädiger Gott im Himmel, das darf doch nicht sein! Und wenn jetzt die ›Koralle‹-Fritzen kommen – ich mit einem Waschbecken auf der Titelseite! Ich konnte gar nicht mehr klar denken, ich mußte bloß dieses verdammte Waschbecken loswerden. Ich stieg im 2. Stock aus und schmiß es schreiend durch die nächstgelegene Fensterscheibe. Danach war ich wie gelähmt.

MODERATOR Ja, das haben Sie in Ihrem Buch so schön geschrieben: »Das Blut hämmerte mir im Kopf.« Ich glaube, so treffend hat bisher kaum jemand das Gefühl von Ohnmacht, Verzweiflung, Lähmung in Worte gefaßt: »Das Blut hämmerte mir im Kopf.« Darf ich Ihnen sagen, daß die große Schauspielerin Ruth Frau auch eine große Schriftstellerin ist? Gibt es Pläne für ein zweites Buch?

RUTH FRAU Nun, auf meinem gotischen Stollentisch steht meine alte Triumph-Adler, und ich sitze gern an meinem gotischen Stollentisch, und Däumchendrehen ist nicht meine Lebensauffassung.

MODERATOR Wir freuen uns schon. Aber wir sollten die chronologische Folge einhalten. Nach der Waschbeckenaffäre sind Sie ja durch einen regelrechten Hagelsturm an Erniedrigungen und Schicksalsschlägen gegangen. Eine von sämtlichen Beobachtern und, wie Sie im Buch ja jetzt zugeben, auch von Ihnen als äußerst problematisch empfundene Ehe mit einem viel jüngeren morbiden, überempfindlichen Musiker, der nicht auf deutsch sagen konnte, daß er zur Toilette gehen muß…

RUTH FRAU Ja, er sprach über körperliche Dinge nur auf französisch, aber dazu möchte ich später noch etwas sagen.

MODERATOR Gern. Also diese letztlich gescheiterte Ehe, gescheiterte Comebacks, gescheiterte Operationen, und ein kluger Kopf hat ja mal nachgerechnet, daß Sie doppelt so viele Autounfälle wie Filmrollen hatten. Wie verkraftet ein einzelner Mensch das?

RUTH FRAU Überhaupt nicht. Ich hab nichts verkraftet. Erst die unerschütterliche Liebe meiner Kinder und die jungen Filmregisseure, die mit mir in den 70er Jahren wieder zu arbeiten begonnen haben, brachten mich wieder auf die Beine.

MODERATOR Ja, die jungen Regisseure. Mit den Kindern gab es doch aber eine Zeitlang auch nur schreckliche Schlagzeilen. Daß Sie Ihren damals 14jährigen Sohn Bengt-Alexander für ein Wochenende an einen homosexuellen Journalisten verliehen haben sollen, damit er nichts über die Ladendiebstähle Ihrer Tochter schreibt, ist bestimmt nur eine üble Verleumdung gewesen, aber...

RUTH FRAU O nein nein, das stimmt. Die beiden haben geflippert, gekickert und Bugs-Bunny-Filme geschaut. Mein Sohn hat noch lange davon geschwärmt. Zu Hause hatte er ja keinen Flipper. Ich flippere nicht gut.

MODERATOR Oh, Sie auch nicht! Ich flippere auch schlecht.

RUTH FRAU Das ist immer schön, wenn man mit anderen Menschen etwas gemeinsam hat. Aber ich möchte nun doch noch etwas zu meiner Ehe mit David sagen. So problematisch war die gar nicht. Sicher, er ging französisch sprechend auf den

Lokus und war z. B. stolz darauf, daß ihn seit seinem achtzehnten Lebensjahr, seit der Ausmusterung nämlich, kein Mensch je nackt gesehen hatte. Doch mich kratzten diese Spleens nicht weiter. Er machte nie Anstalten, mich umzukrempeln. Ich konnte, auf deutsch gesagt, voll wie ein Nachttopf sein, er behandelte mich eher wie eine jener Marienerscheinungen, die er ständig gehabt haben wollte.

MODERATOR Oh, das muß sonderbar sein, man hat eine Marienerscheinung, und Maria ist betrunken.

RUTH FRAU Richtig. Ich hab ihm seine Erscheinungen aber nie abgenommen, was ich ihm allerdings nie gesagt habe. Nur als er dann in seinem religiösen Temperament, wenn nicht sogar religiösen Wahn, meine Tochter Katharina allzusehr zu beeinflussen begann und sie sogar in eine Sekte trieb, da hab ich ihn vor die Tür gesetzt.

MODERATOR Ich weiß nicht, ob es Ihnen recht ist, wenn wir die abscheuliche Sektengeschichte Ihrer Tochter noch mal etwas ausführlicher aufwärmen, aber Sie schreiben ja auch ganz offen davon.

RUTH FRAU Ja, weil glücklicherweise alles gutgegangen ist. Die Streichhölzer sind ja vom Benzin durchweicht gewesen.

MODERATOR Von vorn: Ihre Tochter war Mitglied einer fürchterlichen Sekte, und eines Tages stellt sie sich auf den Stachus hier in München, übergießt sich mit Benzin, stellt Transparente auf, daß sie mit ihrer öffentlichen Selbstverbrennung gegen den Mord am ungeborenen Leben protestieren will. Dann waren aber die Streichhölzer aufgeweicht. Mich packt aber noch immer der Zorn, wenn ich an jene niederträchtige Karikatur in der ›Koralle‹ denke, die Ihre auf dem Stachus stehende, benzintriefende Tochter zeigt mit einer Sprechblase, in der steht: »Hat mal jemand Feuer? Meine Mami braucht eine Schlagzeile.«

RUTH FRAU Das ist vorbei und vergessen. Die Katharina lebt, ich lebe, durch mein Haus toben und turnen scharenweise quietschfidele, kerngesunde Enkelkinder, und die ›Koralle‹ kennt doch heute kein Mensch mehr.

MODERATOR Aber gestern fiel doch ein kleiner Wermutstropfen in Ihr neues Glück. Sie hatten am Abend bei Hugendubel aus Ihren Memoiren gelesen, und als Sie dann nach Hause kamen, mußten Sie feststellen, daß Einbrecher aus Ihrem berühmten gotischen Stollentisch über 20 000 DM entwendet haben.

RUTH FRAU Ja, das ist mir völlig unbegreiflich. Nichts war durchwühlt, die Täter müssen ganz gezielt auf den Stollentisch zumarschiert sein.

MODERATOR Davon sollten Sie sich aber nicht Ihren Erfolg verderben lassen. Gestern bei Hugendubel trat sich das Publikum ja gegenseitig auf den Füßen herum. Einmal habe ich aber beobachtet, wie Sie etwas irritiert aufblickten, als zwei junge Männer in Lederjacken mitten während Ihres Vortrags die Buchhandlung verließen.

Ruth Frau Ja – ich habe mich gewundert, daß sie ausgerechnet beim schönsten Kapitel meines Buches gingen. Aber junge Leute haben abends immer noch etwas zu erledigen.

Moderator Ruth Frau, würden Sie den Hörern und mir das Vergnügen bereiten, dieses Kapitel, das nicht nur Sie als das schönste empfinden, noch einmal für uns vorzulesen?

Ruth Frau Selbstverständlich gern:
Ein Rotkehlchen hatte es sich auf der Fensterbank gemütlich gemacht. Seine kleinen Knopfäuglein schienen gleichsam verständnisvoll wie fragend auf das Tohuwabohu zu blicken, das am Sonntag sieben quietschvergnügte, kerngesunde Enkelkinder in meinem Wohnzimmer hinterlassen hatten. Ganz vorsichtig näherte ich mich meinem gefiederten Gast. »Tschilp, tschilp, tschilp«, sagte ich, »willst du ein paar Krümel?« Der kleine Rabauke schüttelte den Kopf. »Was? Und ob du ein paar Krümel willst! Die liebe Tante Ruth wird gleich mal nachgucken, ob in der Küche ein paar Krümel liegen!« Auf Zehenspitzen schlich ich in die geräumige Küche meines Hauses in der Griechenstr. 23, strich vom Tisch ein Häufchen Krümel auf meinen Handteller und rief: »Tschilp, tschilp, tschilp, hier kommt die Tante Ruth mit deinen Krümeln!« Aber mein kleiner Besucher war schon davongeflogen. Hatte vielleicht noch ein halbes Würmchen im Magen. So ein Vogelbäuchlein darf man auch nicht so vollstopfen. – Die Sonne dieses harmonischen Septembervormittags tauchte den bordeauxfarbenen Barocksessel, ein Geschenk meines dritten

Mannes, des leider viel zu früh verstorbenen Bundesverdienstkreuzträgers und bedeutenden Atemtherapeuten Dr. Hannes Conradi, in einen beinahe überirdischen Glanz. Ich war wunschlos glücklich und setzte mich hinein. Eben hatte meine liebe Freundin Jeanne Moreau aus Paris angerufen, um mir für meine, wie sie meinte, umwerfend körperliche Darstellung der Elisabeth in *Freiheit oder: Der Regenbogen ist unteilbar* zu gratulieren. Die gute Jeanne! Hat auch viel durchgemacht bei sich in Frankreich! Mein Blick fiel auf den gotischen Stollentisch, den ich mir von einer meiner ersten Gagen bei dem bekannten Hamburger Antiquitätenhändler Herbert Grimm gekauft habe, dessen Tochter Sonja vor sechzehn Jahren bei einem Wassersportunglück in der jetzt nach Unabhängigkeit strebenden kanadischen Provinz Quebec das Augenlicht einbüßen mußte, was sie aber nicht daran hinderte, das Geschäft des Vaters zu übernehmen. Sie gleicht, wie viele Blinde übrigens, viel mit Tastsinn aus. Es ist schön, sie dabei zu beobachten, wie sie mit ihren Händen den schöpferischen Reichtum längst vergangener, aber durch die alten Gegenstände doch noch lebendiger Jahrhunderte ertastet. Sie soll die einzige blinde Antiquitätenhändlerin Hamburgs sein, aber ihre Kompetenz ist unumstritten. Und wie ich so dasaß und die sich auf meinem Stollentisch türmenden lieben Briefe von so vielen lieben Menschen aus ganz Deutschland betrachtete, stürzte Bengt-Alexander, meine breitschultrige Sportskanone von Sohn, zur mit schönen spanischen Spiegeln vertäfelten Wohnzimmertür hinein. Wir küßten uns stürmisch. Seit dem Selbstverbrennungsversuch Katharinas gehen wir in unserer Familie eher verschwenderisch als sparsam mit Zärtlichkeiten um. Eine ›Koralle‹, die hinter der Gardine lauert und Dreck schleudert, gibt es ja nicht mehr. »Liebste Muttimaus«, rief Bengt – er ist so zärtlich –, »ich und ein paar Freunde möchten auf unseren Motorrädern gern durch den indonesischen Regenwald donnern. Ich habe aber mein ganzes Geld verjubelt.« – »Das macht doch nichts, mein süßer Sohnemann, in deinem Alter habe ich auch alles verjubelt und versoffen.« Ich ging zu meinem gotischen Stollentisch, und da erhellte schon ein breites Jungenlächeln Bengt-Alexanders Gesicht. Er wußte natürlich, daß in einem Fach rechts unter der Schreibfläche eine Kassette ist, in welcher ich immer etwas Bargeld für unerwartete Fälle habe. Katharina, die seit ihrem Selbstverbrennungsversuch ein Inbegriff von Vernünftigkeit ist, hat ja immer gemeint, ich solle da ein Sicherheitsschloß einbauen lassen, aber ich hatte es nie fertiggebracht, diesem wunderbaren Möbelstück auf diese Weise seine Würde zu nehmen.

MODERATOR Wenn ich Sie mal ganz kurz unterbrechen darf. Genau an dieser Stelle haben die beiden Männer die Buchhandlung verlassen!

RUTH FRAU Ja, sonderbar, nicht? Aber Sie gestatten doch sicher, daß ich das Kapitel noch zu Ende lese. Es sind nur noch wenige Zeilen.

MODERATOR Entschuldigen Sie bitte die Unterbrechung. Lesen Sie bitte weiter!

RUTH FRAU Ich gab Bengt 10 000 Mark in seine kräftige Männerhand. »Du bist die beste Mutti auf der Welt!« rief er, und wir balgten uns scherzhaft ein wenig auf dem schönen Vogelmusterteppich, den ich 1957 von Dreharbeiten zu einer ziemlich schlechten Schmugglerkomödie aus Bombay mitgebracht hatte. Ottokar Schneemann führte Regie. Meine Rolle hatte zuerst Mara von Berlepsch übernehmen sollen, aber die Produktionsfirma hatte sich quergelegt, weil die Berlepsch sich zunehmend als Kassengift erwiesen hatte. »Fahr vorsichtig, Junge, und komm gesund zurück«, rief ich Bengt nach, als er mit den Geldscheinen winkend zu seinem saharabeigen Mercedes ging. Und er kam zurück! Ein bißchen abgemagert von den üblichen Durchfällen, aber braungebrannt und lachend wie immer. Ich bin stolz auf meinen Sohn!

MODERATOR Danke, Ruth Frau! Danke für alles! Danke, daß es Sie gibt!

Drei bettlägerige ukrainische Tingeltangeltänzerinnen

Zwölf Variationen eines Möbelpackerwitzes

Es gibt Witze, die vorne besser als hinten sind. Da es für gesetzmäßig gehalten wird, daß die Schlußpointe den Höhepunkt eines Witzes bildet, werden solche Witze vom Publikum nicht recht geschätzt. Ich halte dies für einen Fehler.

In einer Alt-Berliner Humor- und Anekdotensammlung fand ich einen Witz, der wie folgt beginnt: »In der Straßenbahn erregt eine Frau mit einem großen, feuchten Kranz das Mißfallen ihrer Nachbarin.« Was die molestierte Mitreisende nun zu der Frau mit feuchtem Kranz sagt, ist leider zu langweilig, um hier wiedergegeben zu werden. Es ist schließlich vergnüglich genug, sich auszumalen, wie eine Frau mit einem großen, feuchten Kranz in der Straßenbahn sitzt!

Man sollte sich bei jedem Witz ernsthafte Gedanken machen, ob es nicht amüsanter sein könnte, ihn nicht zu Ende zu erzählen. Ein Lieblingswitz meiner Teenagerjahre endete z. B. so: »Fragt das eine: Wie gehts denn so? Antwortet das andere: Ach, ganz gut, ich kann schon wieder Uran lassen.« Dies ist eine schlaffe Schlußpointe, aber der Witzbeginn war super: »Zwei Atomkraftwerke, von denen eines lange krank war, sitzen im Baum und stricken.« Sagt das Publikum: »Wenn man schlechte, alte Witze verkehrt herum erzählt bekommt, wird einem schlecht.« Entschuldigung, mach ich nie wieder.

Vor einiger Zeit entdeckte ich in einem Abreißkalender einen Witz, der mich fesselte: »Zwei Möbelpacker, von denen einer für klassische Musik schwärmt, schleppen ein Klavier ein Hochhaus hinauf. Oben keucht der eine zum andern: Na, was denkst du jetzt über Beethoven?«

Statt nachzudenken, warum ich gerade diesen Witz gut finde, gab ich meiner Freude Ausdruck, indem ich eine Reihe von Variationen des Witzes schrieb, von denen ich nun einige dem Unverständnis möglichst weniger und der Ergötzung hoffentlich mancher preisgeben möchte.

1. Zwei Möbelpacker, von denen einer für Kernspaltung schwärmt, schleppen einen Atomreaktor ein Hochhaus hinauf. Oben keucht der eine zum andern: Na, was hältst du jetzt von Otto Hahn?

2. Zwei Möbelpacker, von denen keiner für Vitamin C schwärmt, schleppen eine erkältete Frau ein Hochhaus hinauf. Oben hustet der eine zum andern: Na, was halten wir jetzt von Vitamin C?

3. Zwei Frauen, von denen eine schwanger ist, schleppen einen Gynäkologen ein Hochhaus hinauf. Oben keucht die eine zur andern: Na, was hältst du jetzt vom Bungalowlesbianismus?

4. Zwei Möbelpacker, von denen einer eine Fahrstuhlphobie hat, schleppen ein Klavier das Em-

pire State Building hinauf. Oben keucht derjenige ohne Phobie: Ich krankhafter Toleranzler.

5. Drei bettlägerige ukrainische Tingeltangeltänzerinnen, von denen eine für ukrainische Folklore schwärmt, liegen auf einer französischen Liege und lesen Ernst Bloch. Da schläft die mittlere ein und schnarcht wie ein Rohrspatz. Sagt die erste zur dritten: Na, und was hältst du jetzt von ukrainischer Folklore? Antwortet die dritte: Gar nichts. Wacht die mittlere auf und meint: Das ist gar nichts dagegen, was ich von Ernst Bloch halte.

6. Eine unbestimmte Menge von Möbelpackern, von denen ein gewisser Prozentsatz für unverständliche Bahnhofsdurchsagen schwärmt, schleppen einen lispelnden Bahnhofsvorsteher durch die Bahnhofshalle einer nicht erwähnenswerten Nullachtfünfzehnstadt.

7. Zwei Konzertpianisten, von denen einer für Möbelpacker schwärmt, schleppen ein Klavier in einen Konzertsaal. Dort keucht der eine zum anderen: Ich schwärme jetzt auch für Möbelpacker.

8. Zwei Möbelpacker, von denen einer für Bergsteigereivideos schwärmt, tragen einen Korbsessel in eine Parterrewohnung. Darin sitzt Reinhold Messner und zieht sich Möbelpackervideos rein. Keuchen die beiden Möbelpacker: Das kommt etwas unerwartet.

9. Zwei Lungenkranke schleppen eine eiserne Lunge ein Hochhaus hinauf. Oben keucht der eine zum

andern: Verdammt, ich habe meine Zigaretten im Auto liegengelassen.

10. Zwei oder drei Sexmonster stehen an einer Imbißbude und lesen einen fragmentarischen Roman.

11. Zwei Lesben, die eine Verehrerin von Beethoven (1770–1827), die andere jedoch erschöpft und stark erkältet, schleppen sich in einen Beethoven-Abend. Während des Konzerts keucht und hustet die eine. Neben ihr sitzen zwei Möbelpakker, von denen der eine für Beethoven schwärmt, und dieser sagt zu der erkälteten Lesbe: Können Sie nicht draußen husten? Meint die Lesbe: Ich bin zu erschöpft zum Rausgehen. Da trägt der Möbelpacker die Lesbe hinaus. Als er zurückkommt, keucht er. Meint sein Freund: Kannst du nicht draußen keuchen? Sagt der andere: Ich bin zu erschöpft. Die Lesbe war so dick. Darauf trägt der andere Möbelpacker den keuchenden hinaus. Die Lesbe, die von diesem hinausgeschleppt wurde, hat die Szene vom Hintergrund aus beobachtet und stiehlt sich an ihren Platz zurück. Von Erkältung keine Spur mehr. Sagt die eine: Das war wirklich ein guter Trick, um diese beiden widerlichen Macker loszuwerden. Nach dem Konzert begegnen die beiden Frauen den Möbelpackern auf der Straße. Meint der eine: Nanu, Sie husten ja gar nicht mehr. Meint die Lesbe: Tja, die heilende Wirkung von klassischer Musik.
Meint derjenige Möbelpacker, der sowieso schon für Beethoven schwärmt, triumphierend zu sei-

nem Freund: Na, was denkst du jetzt über Beethoven?

12. Zwei Esel schleppen einen schweren Sack Disteln das World Trade Center hoch. Oben der eine: Die hätten wir ja auch unten essen können.

oder

12. In der Straßenbahn erregt ein Gynäkologe mit einem großen, feuchten Kranz das Mißfallen eines neben ihm sitzenden Konzertpianisten. »Man wird ja ganz naß von ihrem Ding«, ereifert sich der Pianist. »Nun haben Sie sich mal nicht so«, gibt der schlagfertige Frauenarzt zurück. »Wenn es regnet, werden Sie ja auch naß.« (Dies ist die öde Originalschlußpointe aus der Alt-Berliner Anekdotensammlung.)

Bonusvariation:

Goofy erschießt Lupo und anschließend sich selbst.